Kuasa
Allah

Sejak permulaan waktu
tidak pernah terdengar
bahwa ada orang yang memelekkan
mata orang yang lahir buta.
Jikalau orang ini tidak datang dari Allah,
Ia tidak dapat berbuat apa-apa.
(Yohanes 9:32-33)

Kuasa Allah

Dr. Jaerock Lee

URIM
BOOKS

Kuasa Allah oleh Dr. Jaerock Lee
Diterbitkan oleh Urim Books (Representative: Seongnam Vin)
73, Yeouidaebang-ro 22-gil, Dongjak-gu, Seoul, Korea
www.urimbooks.com

Hak Cipta © 2013 oleh Dr. Jaerock Lee
ISBN: 978-89-7557-787-1
Hak Cipta Terjemahan © 2008 oleh Dr. Esther K. Chung. Digunakan dengan izin.

Sebelumnya diterbitkan dalam Bahasa Korea oleh Urim Books pada tahun 2004

Edisi Kedua Juni 2013

Diedit oleh Dr. Geumsun Vin
Dirancang oleh Biro Editorial Urim Books
Dicetak oleh Yewon Printing Company
Untuk informasi lebih lanjut hubungi urimbook@hotmail.com

Kata Pengantar

*Saya berdoa bahwa oleh kuasa Allah Sang Pencipta
dan injil Yesus Kristus, semoga semua orang mengalami
pekerjaan berapi-api dari Roh Kudus...*

Saya memberikan segala puji dan syukur kepada Allah Bapa,
yang telah memberkati kami untuk menerbitkan ke dalam satu
tulisan tunggal pesan-pesan dari Kebaktian Kebangunan Rohani
Khusus Dua-Minggu ke-11 yang diadakan pada bulan Mei 2003
– dengan tema "Kuasa" – di mana ada begitu banyak kesaksian
yang memuliakan Allah dengan luar biasa.

Sejak tahun 1993, segera setelah perayaan ulang tahu
kesepuluh dari sejak pendirian Manmin, Allah mulai membina
para anggota jemaat Gereja Manmin Pusat untuk memiliki iman
sejati dan menjadi orang-orang rohani lewat Kebaktian
Kebangunan Rohani Khusus Dua-Minggu.

Dengan tema Kebaktian Kebangunan Rohani 1999 "Allah
Adalah Kasih", Ia mengizinkan terjadinya ujian-ujian berkat

sehingga para anggota jemaat Manmin dapat menyadari pentingnya injil sejati, melakukan hukum Taurat dalam kasih, dan menyerupai Tuhan kita yang telah memanifestasikan kuasa ajaib.

Pada awal milenium baru di tahun 2000, supaya semua orang di seluruh dunia dapat mengalami kuasa Allah Sang Pencipta, injil Yesus Kristus, dan pekerjaan Roh Kudus yang berapi-api, Allah memberkati kami untuk menyiarkan Kebaktian Kebangunan Rohani secara langsung via satelit Moogoonghwa dan Internet. Pada tahun 2003, pemirsa dari kira-kira 300 gereja di Korea dan lima belas negara berpartisipasi dalam Kebaktian Kebangunan Rohani itu.

Kuasa Allah mencoba untuk memperkenalkan proses di mana seseorang bertemu dengan Allah dan menerima kuasa-Nya, tingkatan-tingkatan kuasa yang berbeda, Kuasa Tertinggi Penciptaan yang melampaui batasan umat manusia, dan tempat-tempat di mana kuasa-Nya dimanifestasikan.

Kuasa dari Allah Sang Pencipta turun atas orang-orang sebanyak apa ia menyerupai Allah yang merupakan terang. Juga, saat ia menjadi satu dalam roh dengan Allah, ia dapat memanifestasikan jenis kuasa yang dulu dimanifestasikan oleh Yesus. Ini karena dalam Yohanes 15:7, Tuhan kita mengatakan, *"Jikalau kamu tinggal di dalam Aku dan firman-Ku tinggal di dalam kamu, mintalah apa saja yang kamu kehendaki, dan kamu akan menerimanya."*

Karena saya secara pribadi telah mengalami sukacita dan

kebahagiaan dalam kebebasan dari penyakit dan penderitaan tujuh tahun lamanya, untuk dapat menjadi hamba kuasa yang menyerupai Tuhan, saya berpuasa dan berdoa berhari-hari dan berkali-kali setelah saya dipanggil untuk menjadi hamba Allah. Yesus berkata kepada kita dalam Markus 9:23, *"'Jika Engkau dapat?' Tidak ada yang mustahil bagi orang yang percaya".* Saya juga percaya dan berdoa karena saya berpegang tegung pada janji Yesus, *"Aku berkata kepadamu: sesungguhnya barangsiapa percaya kepada-Ku, ia akan melakukan juga pekerjaan-pekerjaan yang Aku lakukan, bahkan pekerjaan-pekerjaan yang lebih besar dari pada itu; sebab Aku pergi kepada Bapa"* (Yohanes 14:12). Sebagai hasilnya, melalui Kebaktian-kebaktian Kebangunan Rohani tahunan, Allah telah menunjukkan kepada kami tanda-tanda dan mukjizat yang luar biasa dan memberikan banyak penyembuhan dan jawaban. Juga, selama minggu kedua dari Kebaktian Kebangunan Rohani 2003, Allah menfokuskan pada manifestasi kuasa-Nya atas orang-orang yang buta, tidak dapat berjalan, mendengar, dan berbicara.

Bahkan walaupun ilmu pengetahuan kedokteran telah semakin canggih dan senantiasa membuat kemajuan, namun hampir mustahil bagi orang yang telah kehilangan penglihatan atau pendengaran untuk dapat disembuhkan. Tetapi, Allah Yang Mahakuasa memanifestasikan kuasa-Nya sehingga ketika saya mendoakan hanya dari mimbar, pekerjaan dari kuasa penciptaan dapat memperbarui syaraf-syaraf dan sel-sel yang mati, dan orang-orang dapat kembali melihat, mendengar, dan berbicara. Sebagai tambahan, tulang punggung yang bengkok diluruskan, dan tulang-tulang yang kaku menjadi longgar sehingga orang-orang dapat membuang kruk, tongkat, dan kursi roda mereka dan bangun, melompat, dan berjalan.

Pekerjaaan Allah yang ajaib juga melampaui ruang dan waktu. Orang-orang yang menghadiri Kebaktian Kebangunan Rohani via satelit dan di Internet juga mengalami kuasa Allah, dan kesaksian-kesaksian mereka dikirimkan bahkan hingga hari ini.

Inilah sebabnya pesan-pesan dari Kebaktian Kebangunan Rohani 2003 – di mana ada begitu banyak orang dilahirkan kembali oleh firman kebenaran, menerima hidup baru, keselamatan, jawaban, dan kesembuhan, mengalami kuasa Allah, dan memuliakan Dia dengan luar biasa – telah diterbitkan ke dalam satu karya tersendiri.

Saya mengucapkan terima kasih khusus kepada Geumsun Vin, Direktur Biro Editorial dan stafnya, dan Biro Terjemahan untuk kerja keras dan dedikasi mereka.

Semoga masing-masing Anda mengalami kuasa Allah Sang Pencipta, injil Yesus Kristus, dan pekerjaan Roh Kudus yang berapi-api, dan semoga sukacita dan kebahagiaan melimpahi hidup Anda — semua ini saya doakan dalam nama Tuhan kita!

Jaerock Lee

Pendahuluan

Sebuah bacaan wajib yang menjadi panduan penting tentang bagaimana seseorang dapat memiliki iman sejati dan mengalami kuasa Allah yang ajaib.

Saya menaikkan segala puji dan syukur kepada Allah, yang telah menolong kami untuk menerbitkan sebuah tulisan tunggal dengan pesan-pesan dari 'Kebaktian Kebangunan Rohani Khusus Dua-Minggu bersama Dr. Jaerock Lee' pada bulan Mei 2003, yang berlangsung di tengah kuasa Allah yang besar dan ajaib.

Kuasa Allah akan melanda Anda dalam anugerah dan kepekatan, karena berisi sembilan pesan dari Kebaktian Kebangunan Rohani yang diadakan dalam tema "Kuasa", bersama kesaksian-kesaksian dari sejumlah orang yang mengalami secara langsung kuasa dari Allah Yang Hidup dan Injil Yesus Kristus.

Pesan pertama, "Percaya Kepada Allah," Identitas Allah, apa yang harus dipercaya di dalam Dia, dan cara-cara untuk kita dapat bertemu dan mengalami Allah dijabarkan di sini.

Di dalam Pesan Kedua, "Percaya Kepada Tuhan," akan dibahas tujuan dari kedatangan Yesus ke dunia, mengapakah hanya Yesus yang menjadi Juru Selamat kita, dan mengapa kita menerima keselamatan dan jawaban saat kita percaya kepada Tuhan Yesus.

Pesan Ketiga, "Bejana yang Lebih Indah Daripada Permata," menerangkan tentang apa yang harus dilakukan untuk dapat menjadi bejana yang berharga, mulia, dan indah dalam pandangan Allah, dan juga berkat-berkat yang tersedia bagi bejana yang demikian.

Pesan Keempat, "Terang" menerangkan tentang terang rohani, apa yang perlu kita lakukan supaya dapat bertemu Allah yang merupakan terang, dan berkat-berkat yang akan kita terima saat kita berjalan di dalam terang.

Pesan Kelima, "Kuasa Terang", menyelidiki tentang kempat tingkatan berbeda dari kuasa Allah yang dimanifestasikan oleh manusia melalui beragam warna dari terang, dan juga kesaksian-kesaksian nyata tentang berbagai penyembuhan yang dimanifestasikan pada setiap tingkatan. Lebih jauh lagi dengan memperkenalkan Kuasa Tertinggi Penciptaan, kuasa Allah yang tak terbatas dan cara-cara agar kita dapat menerima kuasa dari terang juga dijelaskan dengan detil.

Berdasarkan proses orang yang buta sejak lahir jadi bisa melihat setelah bertemu Yesus dan kesaksian dari sejumlah orang yang telah bisa melihat dan disembuhkan dari penyakit kerusakan mata, Pesan Keenam, "Mata Orang yang Buta Akan Dicelikkan", akan membantu anda menyadari langsung kuasa Allah Sang Pencipta.

Di dalam Pesan Ketujuh, "Orang-Orang Akan Bangun, Melompat, dan Berjalan" akan diselidiki dengan cermat mengenai kisah bagaimana orang lumpuh yang datang ke hadapan Yesus dengan bantuan teman-temannya, dapat bangun, dan berjalan. Juga, Pesan ini akan menerangkan kepada para pembaca tentang tindakan iman seperti apa yang harus mereka lakukan di hadapan Allah untuk dapat mengalami kuasa yang demikian saat ini.

Pesan Kedelapan, "Orang-Orang Akan Bersukacita, Menari dan Menyanyi" menyelidiki tenatang kisah orang bisu tuli yang menrima penyembuhan setelah ia datang ke hadapan Yesus dan menerangkan cara-cara supaya kita dapat juga mengalami kuasa seperti itu bahkan saat ini.

Terakhir, di dalam Pesan Kesembilan, "Pemeliharaan Allah yang Tidak Pernah Gagal" menubuatkan tentang hari-hari terakhir dan pemeliharaan Allah bagi Gereja Pusat Manmin – yang keduanya telah disingkapkan oleh Allah sendiri, sjak pendirian Manmin lebih dari dua puluh tahun lalu--diterangkan dengan jelas.

Melalui tulisan ini, semoga banyak orang dapat memiliki iman yang sejati, selalu mengalami kuasa Allah Sang Pencipta, dan dipakai sebagai alat oleh Roh Kudus, dan melakukan rencana-Nya, dalam nama Tuhan kita Yesus Kristus, saya berdoa!

Geumsun Vin,
Direktur Biro Editorial

Daftar Isi

Pesan 1

Percaya Kepada Allah

- Siapakah Allah?
- Pencipta Segala Sesuatu
- Bukti-bukti yang Dengannya Kita Dapat Percaya Bahwa Allah Sang Pencipta
- Bukti-bukti Alkitabiah yang Dengannya Kita Dapat Sungguh-sungguh Percaya Bahwa Allah Sang Pencipta
- Kuasa Allah Dimanifestasikan Di Gereja Pusat Manmin
- Untuk Mengalami Kuasa Allah
- Menyenangkan Allah dengan Perbuatan Iman

Ibrani 11:3

Oleh iman kita mengerti
bahwa alam semesta telah dijadikan oleh Firman Allah,
sehingga apa yang kita lihat telah terjadi dari apa
yang tidak dapat kita lihat.

Sejak Kebaktian Kebangunan Rohani Khusus Dua-Minggu pertama yang diadakan pada bulan Mei 1993, banyak orang yang telah mengalami langsung kuasa dan pekerjaan Allah yang sebelumnya tidak pernah mereka alami, banyak penyakit yang tidak bisa disembuhkan oleh pengobatan modern disembuhkan dan masalah-masalah yang tidak dapat dipecahkan oleh ilmu pengetahuan telah dipecahkan. Selama sebelas tahun terakhir, seperti yang kita dapatkan dalam Markus 16:20, Allah telah membuktikan Firman-Nya dengan tanda-tanda yang menyertainya.

Melalui pesan kedalaman iman, kebenaran, daging dan roh, kebaikan dan terang, kasih, dan hal lain yang serupa, Allah telah membimbing sejumlah besar jemaat Manmin untuk mengalami kerohanian yang mendalam. Lebih lagi, melalui setiap Kebaktian Kebangunan Rohani, Allah telah membimbing kami untuk menyaksikan kuasa-Nya secara langsung sehingga sekarang hal itu menjadi sebuah Kebaktian Kebangunan Rohani yang dikenal luas oleh dunia.

Yesus berkata pada kita dalam Markus 9:23, " 'Jika Engkau dapat?' Tidak ada yang mustahil bagi orang yang percaya." Oleh karena itu, jika kita memiliki iman yang benar, tidak ada yang mustahil bagi kita dan kita akan menerima apa yang kita cari.

Kemudian, apa, yang harus kita percayai dan bagaimana kita mempercayainya? Jika kita tidak mengenal dan mempercayai Allah dengan benar, kita tidak dapat mengalami kuasa-Nya dan akan susah untuk menerima jawaban dari-Nya. Itulah mengapa mengerti dan mempercayai dengan benar adalah hal yang sangat penting.

Siapakah Allah?

Pertama, Allah adalah penulis dari 66 kitab dalam Alkitab. 2 Timotius 3:16 mengingatkan kita bahwa *"Seluruh tulisan dalam Alkitab diilhamkan oleh Allah."* Alkitab terdiri dari 66 kitab dan diperkirakan telah dituliskan oleh 34 orang yang berbeda selama rentang waktu lebih dari 1.600 tahun. Dan lagi, aspek yang paling mengagumkan dari setiap kitab dalam Alkitab adalah, di samping fakta bahwa Alkitab ditulis oleh berbagai orang yang berbeda dari berbagai negara, dari awal sampai akhir semuanya sama dan berhubungan satu sama lain. Dengan kata lain, Alkitab adalah firman Allah yang dituliskan dalam ilham oleh orang yang berbeda yang Dia anggap cocok dari periode waktu yang berbeda, dan melaluinya Dia menyatakan Diri-Nya. Itulah mengapa mereka yang percaya Alkitab sebagai firman Allah dan mematuhinya dapat mengalami berkat dan karunia yang telah dijanjikan-Nya.

Kemudian, Allah adalah *"Aku adalah Aku"* (Keluaran 3:14). Tidak seperti berhala-berhala yang dibuat oleh imajinasi manusia atau dipahat oleh tangan manusia, Allah kita adalah Allah yang benar yang telah ada dari sebelum kekekalan sampai ke kekekalan. Selain itu, kita dapat menggambarkan Allah sebagai kasih (1 Yohanes 4:16), terang (1 Yohanes 1:5), dan hakim dari segala yang ada pada akhir zaman.

Dan, di atas segalanya, kita harus ingat bahwa Allah, dengan kuasa-Nya yang luar biasa, menciptakan segala sesuatu yang ada di surga dan di bumi. Dia adalah Yang Mahakuasa yang selalu setia memanifestasikan kuasa-Nya yang ajaib mulai dari masa Penciptaan sampai hari ini.

Pencipta Segala Sesuatu

Dalam Kejadian 1:1, kita mengetahui bahwa *"Pada mulanya Allah menciptakan langit dan bumi."* Ibrani 11:3 memberitahu kita, *"Karena iman kita mengerti, bahwa alam semesta telah dijadikan oleh firman Allah, sehingga apa yang kita lihat telah terjadi dari apa yang tidak dapat kita lihat."*

Dalam keadaan kosong pada saat awal mula waktu, oleh kuasa Allah segala sesuatu di alam semesta diciptakan. Oleh kuasa-Nya, Allah menciptakan matahari dan bulan di langit, tanaman dan pohon-pohon, burung-burung dan hewan, ikan di laut, dan manusia.

Di samping fakta ini, ada orang-orang yang tidak dapat percaya kepada Allah Sang Pencipta karena konsep penciptaan sangat bertolak belakang dengan pengetahuan atau pengalaman yang telah mereka peroleh di dunia. Sebagai contoh, dalam pemikiran beberapa orang, tidaklah mungkin bagi segala sesuatu di alam semesta telah diciptakan oleh perintah Allah dari keadaan kosong.

Inilah alasan mengapa dibuat teori evolusi. Penganut teori evolusi bependapat bahwa sebuah organisme hidup bisa ada karena kebetulan, berubah dengan sendirinya, dan bertambah banyak. Jika orang tidak mengakui penciptaan Allah atas alam semesta karena sebuah kerangka ilmu pengetahuan, mereka tidak dapat mempercayai seluruh isi Alkitab. Mereka tidak dapat mempercayai kotbah tentang keberadaan surga dan neraka karena mereka tidak pernah berada di sana, dan mereka juga tidak dapat menyatakan Anak Allah yang telah dilahirkan sebagai manusia, mati, dibangkitkan dan naik ke surga.

Namun demikian, kita tahu bahwa dengan kemajuan ilmu pengetahuan, kekeliruan pemikiran tentang evolusi mulai terungkap sementara keabsahan penciptaan terus semakin berakar kuat. Bahkan jika kita tidak memberikan sebuah daftar bukti-bukti ilmiah, terdapat banyak sekali contoh yang membuktikan penciptaan.

Bukti-bukti yang Dengannya Kita Dapat Percaya Bahwa Allah Sang Pencipta

Ini adalah salah satu contoh. Terdapat lebih dari dua ratus negara dan bahkan lebih banyak kelompok suku bangsa yang berbeda-beda. Dan, meskipun mereka berkulit putih, hitam, atau kuning, masing-masing memiliki dua mata. Masing-masing memiliki dua telinga, satu hidung, dan dua lubang hidung. Pola ini berlaku tidak hanya pada manusia tapi juga berlaku pada hewan di darat, burung di udara, dan ikan di laut. Hanya karena belalai gajah luar biasa besar dan panjang, bukan berarti bahwa dia memiliki lebih dari dua buah lubang hidung. Masing-masing manusia, hewan, burung, dan ikan memiliki sebuah mulut, dan posisi mulut tersebut diletakkan semuanya sama. Terdapat beberapa perbedaan posisi masing-masing organ di antara spesies yang berbeda, tetapi sebagian besar struktur dan posisi organ tubuh tidak dapat dibedakan.

Bagaimana mungkin semua ini diletakkan "karena kebetulan"? Ini adalah sebuah potongan bukti nyata bahwa seorang Pencipta mendesain dan membentuk manusia, hewan, burung, dan ikan yang tidak terhitung banyaknya. Jika ada lebih dari satu pencipta, penampilan dan struktur dari makhluk hidup pasti akan berbeda sesuai dengan jumlah dan kesukaan dari setiap pencipta. Namun, karena Allah kita adalah satu-satunya Pencipta, semua makhluk hidup dibentuk menurut desain yang sama.

Lebih jauh, kita dapat menemukan bukti-bukti yang tidak terhitung jumlahnya di alam dan di alam semesta, semua yang membimbing kita untuk percaya kepada Allah yang telah menciptakan segalanya. Sebagaimana Roma 1:20 berkata, *"Sebab apa yang tidak nampak dari pada-Nya, yaitu kekuatan-Nya yang kekal dan keilahian-Nya, dapat nampak kepada pikiran dari karya-Nya sejak dunia diciptakan, sehingga mereka tidak dapat berdalih,"* Allah telah mendesain dan membentuk segala sesuatu sehingga kebenaran dari keberadaan-Nya tidak dapat diingkari atau disangkal.

Dalam Habakuk 2:18-19, Allah berfirman, *"Apakah gunanya patung pahatan, yang dipahat oleh pembuatnya? Apakah gunanya patung tuangan, pengajar dusta itu? Karena pembuatnya percaya akan buatannya, padahal berhala-berhala bisu belaka yang dibuatnya. Celakalah orang yang berkata pada sepotong kayu: 'Terjagalah!' Dan kepada sebuah batu bisu: 'Bangunlah!' Masakan ia itu mengajar? Memang ia bersalutkan emas dan perak, tetapi roh tidak ada sama sekali di dalamnya."* Jika salah seorang dari Anda telah melayani atau percaya pada berhala-berhala tanpa percaya Allah, Anda harus benar-benar bertobat dari dosa Anda dengan merendahkan hati.

Bukti-bukti Alkitabiah yang Dengannya Kita Dapat Sungguh-sungguh Percaya Bahwa Allah Sang Pencipta

Masih ada beberapa orang yang tidak dapat mempercayai Allah meskipun telah ada banyak bukti-bukti di sekeliling mereka. Itulah mengapa, dengan memanifestasikan kuasa-Nya, Allah telah menunjukkan kepada kita bukti-bukti keberadaan-Nya yang lebih jelas dan tidak dapat dibantah. Dengan mujizat-mujizat yang tidak dapat dilakukan oleh manusia, Allah telah mengijinkan manusia mempercayai keberadaan-Nya dan karya-Nya yang ajaib.

Dalam Alkitab, terdapat banyak bukti menarik di mana kuasa Allah dimanifestasikan. Laut Merah terbelah, matahari diam atau berbalik arah, dan api dari surga yang turun ke bumi. Air yang pahit di padang gurun berubah menjadi manis, air yang dapat diminum yang memancar dari sebuah batu karang. Yang mati dibangkitkan, penyakit disembuhkan, dan perang yang tampaknya bakal kalah dimenangkan.

Ketika orang percaya kepada Allah Yang Mahakuasa dan meminta kepada-Nya, mereka dapat mengalami pekerjaan kuasa-Nya yang tidak pernah terbayangkan sebelumnya. Itulah mengapa Allah dituliskan di dalam Alkitab dengan banyak contoh di mana kuasa-Nya dimanifestasikan dan memberkati kita untuk percaya.

Dan, karya kuasa-Nya tidak hanya ada di dalam Alkitab.

Karena Allah tidak berubah, melalui tanda-tanda yang tidak terhitung banyaknya, dan karya kuasa-Nya, Dia memanifestasikan kuasa-Nya melalui orang-orang percaya yang sungguh-sungguh di seluruh dunia saat ini; Dia juga menjanjikan hal yang sama bagi kita. Dalam Markus 9:23, Yesus menenangkan kita, *"'Jika Engkau dapat?' Tidak ada yang mustahil bagi orang yang percaya."* Dalam Markus 16:17-18, Tuhan kita mengingatkan, *"Tanda-tanda ini akan menyertai orang-orang yang percaya: Mereka akan mengusir setan-setan demi nama-Ku, mereka akan berbicara dalam bahasa-bahasa yang baru bagi mereka; mereka akan memegang ular, dan sekalipun mereka minum racun maut, mereka tidak akan mendapat celaka; mereka akan meletakkan tangannya atas orang sakit, dan orang itu akan sembuh."*

Kuasa Allah Dimanifestasikan Di Gereja Pusat Manmin

Gereja di mana saya melayani sebagai gembala, Gereja Pusat Manmin, telah memanifestasikan karya kuasa Allah Sang Pencipta berulangkali dan telah berupaya untuk menyebarkan injil ke seluruh dunia. Sejak didirikan pada tahun 1982 sampai hari ini, Manmin telah membimbing orang yang tak terhitung jumlahnya kepada jalan keselamatan dengan kuasa Allah Sang Pencipta. Karya kuasa-Nya yang paling banyak dicatat adalah

"Betapa saya sangat berterima kasih ketika
Kau menyelamatkan hidup saya...
Saya pikir saya akan bergantung pada kruk
Sepanjang sisa hidup saya...
Sekarang, saya dapat berjalan....
Bapa, Bapa saya berterima kasih pada-Mu!"

Diaken Johanna Park,
yang dulunya cacat total,
membuang kruk dan berjalan setelah menerima doa

penyembuhan berbagai penyakit dan kelemahan. Banyak orang dengan penyakit "yang tidak dapat disembuhkan" termasuk kanker, tuberkolosis, kelumpuhan, cerebral palsy, hernia, artritis, leukimia, dan yang sejenisnya telah disembuhkan. Roh-roh jahat diusir, yang lumpuh berdiri dan mulai berjalan dan berlari, dan mereka yang telah lumpuh dari berbagai kecelakaan menjadi pulih kembali. Tambahan lagi, segera setelah didoakan, orang yang menderita karena luka bakar disembuhkan tanpa ada satu bekas pun tersisa. Mereka yang tubuhnya telah kaku dan mereka yang telah hilang kesadaran karena pendarahan otak atau keracunan gas dibangkitkan dan dipulihkan segera. Bahkan orang lain yang telah berhenti bernafas kembali hidup setelah didoakan.

Banyak lagi yang lain, yang tidak dapat memiliki anak setelah lima, tujuh, sepuluh, bahkan dua puluh tahun pernikahan, menerima berkat kehamilan setelah didoakan. Banyak orang yang tidak dapat mendengar, melihat, dan berbicara dengan sangat memuliakan Allah setelah dipulihkan dengan doa.

Bahkan walaupun ilmu pengetahuan dan obat-obatan telah mengalami kemajuan yang luar biasa dari tahun ke tahun, abad ke abad, saraf-saraf yang mati tidak dapat dibangkitkan dan yang buta atau tuli sejak lahir tidak dapat disembuhkan. Namun demikian, Allah Yang Mahakuasa sanggup melakukan apa saja, seperti Dia menciptakan sesuatu dari yang tidak ada menjadi ada.

"Saya sangat rindu untuk pergi ke sisi-Mu
Bapa, tetapi apa yang akan terjadi
pada orang-orang yang saya kasihi
Ketika saya pergi?
Tuhan, jika Engkau memberikanku
sebuah hidup yang baru,
Saya akan mendedikasikannya
untuk-Mu...."

Penatua Moonki Kim,
yang secara tiba-tiba pingsan
dari penyakit cerebral apoplexy,
dipulihkan kesadaraannya dan bangun
setelah didoakan Dr. Jaerock Lee

Saya sendiri mengalami kuasa Allah Yang Mahakuasa. Saya telah hampir berada di ambang kematian selama tujuh tahun sebelum saya menjadi percaya kepada-Nya. Saya mengalami sakit di semua bagian tubuh saya, dengan pengecualian pada mata saya, dan saya diberi nama panggilan "toko penyakit serba ada". Dalam kesakitan saya mencoba pengobatan Timur dan Barae, obat untuk penyakit kusta, segala macam ramuan tumbuh-tumbuhan, empedu beruang dan anjing, kaki seribu, dan bahkan air seni. Saya melakukan segala upaya selama tujuh tahun yang menyakitkan tersebut, tetapi tidak dapat disembuhkan. Ketika saya berada dalam keputusasaan yang besar pada musim semi tahun 1974, saya mengalami pengalaman yang tidak dapat dipercayai. Pada saat saya bertemu Allah, Dia menyembuhkan saya dari semua penyakit dan kelemahan saya. Sejak saat itu, Allah selalu melindungi saya sehingga saya tidak pernah sakit. Bahkan jika saya merasa tidak nyaman pada salah satu bagian tubuh saya, setelah berdoa dengan iman saya segera disembuhkan.

Di samping saya dan keluarga saya, saya tahu bahwa jemaat Manmin percaya dengan tulus kepada Allah Yang Mahakuasa dan karenanya, mereka selalu sehat secara jasmani dan tidak tergantung pada obat-obatan. Sebagai ucapan terima kasih atas kasih karunia Allah Sang Penyembuh, banyak orang yang telah disembuhkan sekarang melayani gereja sebagai pelayan Allah, penatua, diaken, dan pekerja yang setia.

Kuasa Allah tidak terbatas untuk menyembuhkan segala penyakit dan kelemahan. Sejak gereja didirikan pada tahun 1982, banyak jemaat Manmin telah menyaksikan peristiwa yang tidak terhitung jumlahnya di mana doa yang disertai iman dalam kuasa Allah mengendalikan cuaca seperti berhentinya hujan yang deras, melindungi jemaat Manmin dengan awan pada siang hari yang membakar, dan menyebabkan berhentinya angin topan atau membuatnya berubah arah. Sebagai contoh, pada setiap bulan Juli dan Agustus diadakan retret musim panas gereja. Bahkan jika seluruh daerah Korea Selatan yang lain mengalami kerusakan yang disebabkan oleh angin topan dan banjir, lokasi dan bagian negara di mana retret diadakan seringkali aman dari hujan deras dan bencana alam yang lain. Sejumlah jemaat Manmin juga melihat pelangi pada hari-hari biasa, bahkan pada hari-hari di mana sebelumnya tidak terjadi hujan.

Ada lagi aspek kuasa Allah yang lebih luar biasa. Karya kuasa-Nya dimanifestasikan bahkan ketika saya tidak berdoa secara langsung pada orang yang sakit. Banyak orang yang telah memuliakan Allah setelah menerima penyembuhan dan berkat melalui "Doa Bagi Orang Sakit" untuk seluruh jemaat dari mimbar, dan "Doa" yang direkam pada kaset, siaran Internet, dan pesan telepon otomatis.

Lagipula, dalam Kisah Para Rasul 19:11-12 kita mendapatkan *"Oleh Paulus Allah mengadakan mujizat-*

mujizat yang luar biasa, bahkan orang membawa saputangan atau kain yang pernah dipakai oleh Paulus dan meletakkannya pada orang sakit, maka lenyaplah penyakit mereka dan keluarlah roh-roh jahat." Sama halnya, melalui saputangan yang saya doakan, karya kuasa Allah yang luar biasa dimanifestasikan.

Lebih lagi, ketika saya menumpangkan tangan saya dan berdoa pada foto orang yang sakit, penyembuhan yang melampaui ruang dan waktu terjadi di seluruh dunia. Inilah mengapa, ketika saya melakukan penginjilan ke luar negeri, segala jenis penyakit dan kelemahan, termasuk penyakit AIDS yang mematikan, disembuhkan segera oleh kuasa Allah yang melampaui ruang dan waktu.

Untuk Mengalami Kuasa Allah

Apakah ini berarti bahwa setiap orang yang percaya kepada Allah dapat mengalami karya kuasa-Nya yang menakjubkan dan menerima jawaban dan berkat? Banyak orang menyatakan imannya kepada Allah, tetapi tidak semua dari mereka yang mengalami kuasa. Anda dapat mengalami kuasa-Nya hanya ketika iman Anda dalam Allah dinyatakan dalam perbuatan dan Dia menyatakan, "Aku tahu bahwa engkau percaya kepada-Ku."

Allah akan mempertimbangkan fakta belaka bahwa orang

yang mendengar kotbah seseorang dan datang menghadiri kebaktian sebagai "iman." Namun, untuk memiliki iman yang sejati yang dengannya Anda dapat menerima penyembuhan dan jawaban, maka Anda harus mendengar dan mengenal tentang siapa Allah itu, tentang mengapa Yesus adalah Juru Selamat kita, dan tentang keberadaan surga dan neraka. Ketika Anda mengerti faktor-faktor ini, bertobat dari dosa-dosa Anda, menerima Yesus sebagai Juru Selamat Anda, dan menerima Roh Kudus, Anda akan menerima hak sebagai anak Allah. Ini adalah langkah pertama menuju iman yang sejati.

Orang yang memiliki iman sejati akan menunjukkan perbuatan-perbuatan yang membuktikan imannya. Allah akan melihat perbuatan-perbuatan iman dan menjawab keinginan hati mereka. Mereka yang mengalami karya kuasa-Nya mempertunjukkan bukti-bukti iman kepada-Nya dan diterima oleh Allah.

Menyenangkan Allah dengan Perbuatan Iman

Berikut ini adalah beberapa contoh dari Alkitab. Pertama, dalam 2 Raja-raja 5 cerita tentang Naaman, komandan pasukan raja Aram. Naaman mengalami karya kuasa Allah setelah menunjukkan perbuatan imannya dengan mematuhi Nabi Elisa, yang menjadi perantara Allah.

Naaman adalah seorang jenderal kerajaan Aram yang terhormat. Ketika dia menderita penyakit kusta Naaman mengunjungi Elisa, yang dikabarkan melakukan hal-hal yang ajaib. Namun, ketika seorang jenderal yang sangat berpengaruh dan terkenal seperti Naaman tiba di rumah Elisa dengan sejumlah besar emas, perak, dan jubah, sang nabi malah hanya mengutus seorang suruhan untuk mengantarkan pesan kepada Naaman dan memerintahkannya, *"Pergilah, basuhlah dirimu tujuh kali dalam Sungai Yordan"* (ayat 10).

Pada awalnya, Naaman tampak sangat marah karena dia tidak menerima perlakuan yang pantas dari sang nabi. Tambahan lagi, bukannya Elisa berdoa untuknya, Naaman malah disuruh untuk pergi membasuh dirinya di Sungai Yordan. Namun demikian, Naaman kemudian mengubah pikirannya dan patuh. Meskipun perkataan Elisa tidak disukainya dan tidak sejalan dengan pemikirannya sendiri, Naaman berketetapan untuk setidaknya mencoba untuk mematuhi seorang nabi Allah.

Pada saat Naaman membasuh dirinya enam kali di Sungai Yordan, tidak terjadi perubahan yang dapat dilihat atas penyakit kustanya. Kemudian, ketika Naaman membasuh dirinya di dalam Sungai Yordan yang ketujuh kalinya, tubuhnya dipulihkan dan menjadi bersih seperti tubuh seorang anak (ayat 14).

Secara rohani, "air" melambangkan firman Allah. Fakta bahwa Naaman membenamkan dirinya ke dalam Sungai Yordan berarti bahwa oleh Firman-Nya, Naaman dibersihkan dari dosa-dosanya. Lagi pula, angka "tujuh" melambangkan kesempurnaan; fakta bahwa Naaman membenamkan dirinya ke dalam Sungai "tujuh kali" berarti bahwa sang jenderal menerima pengampunan yang sempurna.

Dengan tanda yang sama, jika kita menginginkan untuk menerima jawaban Allah, pertama-tama kita harus bertobat dengan sungguh-sungguh dari semua dosa kita, seperti yang dilakukan oleh Naaman. Dan, pertobatan tidak berakhir dengan hanya berkata, "Saya bertobat. Saya berbuat salah." Anda harus "merendahkan hati Anda" (Yoel 2:13). Kemudian, ketika Anda sungguh-sungguh bertobat dari semua dosa-dosa Anda, Anda harus berketetapan untuk tidak melakukan dosa yang sama lagi. Hanya dengan cara ini kemudian dinding dosa antara Anda dan Allah dihancurkan, kebahagiaan akan muncul dari dalam, masalah Anda dipecahkan, dan Anda menerima jawaban atas semua keinginan hati Anda.

Yang kedua, dalam 1 Raja-raja 3 kita mendapatkan Raja Salomo mempersembahkan seribu korban bakaran kepada Allah. Melalui persembahan ini, Salomo menunjukkan perbuatan dari imannya dalam rangka untuk menerima jawaban, dan sebagai hasilnya dia menerima dari Allah tidak hanya apa yang dia minta, tetapi juga apa yang tidak dia minta.

Bagi Salomo untuk mempersembahkan seribu korban

bakaran, itu memerlukan dedikasi yang sangat besar. Untuk setiap persembahan, raja harus menangkap hewan dan mempersiapkannya. Dapatkah Anda membayangkan berapa banyak waktu, tenaga, dan uang yang dikeluarkan untuk memberikan persembahan demikian seribu kali? Pengabdian yang Salomo lakukan tidak akan mungkin terjadi jika sang raja tidak percaya kepada Allah yang hidup.

Ketika Dia melihat dedikasi Salomo, Allah memberikan padanya tidak hanya hikmat, yang sebenarnya dicari oleh sang raja, tetapi juga kekayaan dan kehormatan – sehingga pada masa hidupnya tidak ada raja lain yang sebanding dengannya.

Yang terakhir, dalam Matius 15 adalah cerita tentang seorang perempuan dari Siro Fenesia yang anaknya kerasukan roh jahat. Dia datang ke hadapan Yesus dengan rendah hati dan berketetapan teguh, memohon Yesus untuk penyembuhan, dan pada akhirnya menerima apa yang diinginkan hatinya. Namun, pada permohonan sungguh-sungguh perempuan tersebut, Yesus tidak langsung merespon, "Baiklah, anak perempuanmu disembuhkan." Namun, Dia berkata pada perempuan itu, *"Tidak patut mengambil roti yang disiapkan bagi anak-anak dan memberikannya kepada anjing"* (ayat 26). Dia membandingkan perempuan itu dengan seekor anjing. Jika perempuan itu tidak memiliki iman, dia pasti akan merasa sangat malu atau sangat marah. Namun, perempuan ini memiliki iman yang meyakinkannya akan jawaban Yesus, dan tidak merasa kecewa atau kaget. Malahan, dia semakin mendekat kepada Yesus dengan lebih merendahkan diri lagi. "Benar Tuhan," kata perempuan itu kepada Yesus, "namun anjing itu makan dari remah-remah yang jatuh dari meja tuannya." Pada saat ini, Yesus sangat senang dengan iman perempuan itu dan segera menyembuhkan anaknya yang kerasukan roh jahat.

Begitu pula, jika kita ingin menerima penyembuhan dan jawaban, kita harus menunjukkan iman kita sampai akhir. Lebih lagi, jika Anda memiliki iman yang dengannya Anda dapat menerima jawaban-Nya, Anda secara jasmani harus memberikan diri Anda sendiri ke hadapan Allah.

Tentu saja, karena kuasa Allah dimanifestasikan secara luar biasa di Gereja Pusat Manmin, adalah mungkin untuk menerima penyembuhan dengan saputangan yang telah saya doakan atau dengan foto. Namun, kecuali orang yang sakit berada dalam kondisi kritis atau berada di luar negeri, orang itu sendiri harus datang ke hadapan Allah. Seseorang dapat mengalami kuasa Allah hanya setelah mendengar firman-Nya dan memiliki iman. Lebih lagi, jika orang tersebut terbelakang mental atau dirasuki roh jahat dan karenanya tidak dapat datang ke hadapan Allah dengan imannya sendiri, maka seperti perempuan dari Siro Fenesia, orang tua atau anggota keluarganya harus datang ke hadapan Allah mewakili orang tersebut dengan kasih dan iman.

Sebagai tambahan untuk ini, terdapat lebih banyak lagi bukti dari iman. Sebagai contoh, pada wajah orang yang memiliki iman yang dengannya dia dapat menerima jawaban, selalu ada tanda-tanda kebahagiaan dan rasa pengucapan syukur. Dalam Markus 11:24, Yesus berkata pada kita, *"Karena itu Aku berkata kepadamu: apa saja yang kamu minta dan doakan, percayalah kamu telah menerimanya, maka hal itu akan diberikan kepadamu."* Jika Anda memiliki iman sejati, Anda hanya akan dapat bersukacita dan bersyukur setiap waktu. Sebagai tambahan, jika Anda mengaku percaya kepada Allah, Anda akan mematuhi dan hidup oleh Firman-Nya. Karena Allah adalah terang, Anda akan berketetapan untuk berjalan dalam terang dan berubah.

Allah berkenan atas perbuatan-perbuatan iman kita dan menjawab keinginan hati kita. Apakah Anda memiliki jenis dan ukuran iman yang diterima oleh Allah?

Dalam Ibrani 11:6 kita diingatkan, *"Tetapi tanpa iman tidak mungkin orang berkenan kepada Allah. Sebab barang siapa berpaling kepada Allah, ia harus percaya bahwa Allah ada, dan bahwa Allah memberi upah kepada orang yang sungguh-sungguh mencari Dia."*

Dengan mengerti dengan benar apa yang dimaksud dengan percaya kepada Allah dan menunjukkan iman Anda, semoga setiap Anda memperkenan Dia, mengalami kuasa-Nya, dan menjalani kehidupan yang diberkati, dalam nama Tuhan kita Yesus Kristus saya berdoa!

Pesan 2

Percaya Kepada Tuhan

- Anak Allah Sang Pencipta, Juru Selamat
- Pemeliharaan Allah yang Telah Disembunyikan Sebelum
  Permulaan Waktu
- Yesus Kristus Layak menurut Hukum Penebusan Tanah
- Alasan Yesus Disalib di Kayu Salib
- Percaya kepada Tuhan adalah untuk Berubah pada Kebenaran

Ibrani 12:1-2

Karena kita mempunyai banyak saksi,
bagaikan awan yang mengelilingi kita,
marilah kita menanggalkan semua beban dan dosa
yang begitu menghalangi kita,
dan berlomba dengan tekun dalam perlombaan
yang diwajibkan bagi kita.
Marilah kita melakukannya dengan mata yang tertuju
kepada Yesus, yang memimpin kita dalam iman,
dan yang membawa iman kita itu kepada kesempurnaan,
yang dengan mengabaikan kehinaan tekun memikul salib
ganti sukacita yang disediakan bagi Dia,
yang sekarang duduk
di sebelah kanan takhta Allah.

Banyak orang hari-hari ini telah mendengar nama "Yesus Kristus". Namun, sejumlah orang, tidak tahu mengapa Yesus adalah satu-satunya Juru Selamat bagi umat manusia atau mengapa kita menerima keselamatan hanya ketika kita percaya kepada Yesus Kristus. Lebih buruk lagi, terdapat beberapa orang Kristen yang tidak dapat menjawab pertanyaan di atas, meskipun mereka berhubungan langsung dengan keselamatan. Ini berarti bahwa orang-orang Kristen ini menyerahkan hidup mereka kepada Kristus tanpa sepenuhnya mengerti tujuan rohani dari pertanyaan-pertanyaan tersebut.

Karenanya, hanya ketika kita mengetahui dan mengerti dengan benar mengapa Yesus adalah satu-satunya Juru Selamat kita dan apa arti dari menerima dan percaya kepada-Nya, serta memiliki iman sejati, kita dapat mengalami kuasa Allah.

Beberapa orang hanya sekedar menganggap Yesus sebagai salah satu dari empat santo besar. Yang lain hanya berpikir bahwa Dia adalah pendiri Kekristenan, atau sebagai seorang yang sangat murah hati yang melakukan banyak kebajikan selama masa hidup-Nya.

Namun, bagi kita yang telah menjadi anak-anak Allah harus dapat mengakui bahwa Yesus adalah Juru Selamat umat manusia yang telah menebus semua orang dari dosa-dosa mereka. Bagaimana mungkin kita dapat dibandingkan dengan satu-

satunya Anak Allah, Yesus Kristus, dengan umat manusia, makhluk biasa? Bahkan dalam masa Yesus, kita menemukan bahwa terdapat banyak perspektif yang berbeda melalui pemikiran orang-orang tentang Dia.

Anak Allah Sang Pencipta, Juru Selamat

Dalam Matius 16 ada adegan ketika Yesus bertanya pada murid-murid-Nya, *"Kata orang, siapakah Anak Manusia itu?"* (ayat 13). Dengan mengambil respons dari orang-orang yang berbeda, para murid menjawab, *"Ada yang mengatakan: Yohanes Pembabtis, ada juga yang mengatakan: Elia dan ada pula yang mengatakan: Yeremia atau salah seorang dari para nabi"* (ayat 14). Lalu Yesus bertanya kepada mereka, *"Tetapi apa katamu, siapakah Aku ini?"* (ayat 15) Maka jawab Simon Petrus: *"Engkau adalah Mesias, Anak Allah yang hidup!"* (ayat 16), Kata Yesus kepadanya: *"Berbahagialah engkau Simon bin Yunus sebab bukan manusia yang menyatakan itu kepadamu, melainkan Bapa-Ku yang di sorga"* (ayat 17). Melalui karya yang tak terhitung jumlahnya dari kuasa Allah yang dimanifestasikan Yesus, Petrus yakin bahwa Dia adalah Anak Allah Sang Pencipta dan Kristus, Juru Selamat umat manusia.

Pada mulanya, Allah menciptakan manusia dari debu

menurut gambar dan rupa-Nya, dan membimbingnya ke Taman Eden. Dalam Taman tersebut terdapat pohon kehidupan dan pohon pengetahuan akan yang baik dan yang jahat, dan Allah memerintahkan kepada manusia pertama Adam, *"Semua pohon dalam taman ini boleh kau makan buahnya dengan bebas, tetapi pohon pengetahuan tentang yang baik dan yang jahat itu, janganlah kau makan buahnya, sebab pada hari engkau memakannya, pastilah engkau mati"* (Kejadian 2:16-17).

Setelah sekian lamanya waktu berlalu, laki-laki dan perempuan pertama Adam dan Hawa dicobai oleh ular, yang dihasut oleh Setan, dan melanggar perintah Allah. Pada akhirnya, mereka makan buah dari pohon pengetahuan tentang yang baik dan yang jahat dan diusir dari Taman Eden. Sebagai akibat dari perbuatan mereka, keturunan Adam dan Hawa mewarisi dosa turunan mereka. Lebih lagi, sebagaimana Allah berkata pada Adam bahwa dia pasti akan mati, semua roh dari keturunannya akan dibawa pada kematian kekal.

Oleh karena itu, sebelum permulaan waktu, Allah telah mempersiapkan jalan keselamatan, Anak Allah Sang Pencipta Yesus Kristus. Karena Kisah Para Rasul 4:12 berkata pada kita, *"Dan keselamatan tidak ada di dalam siapa pun juga selain di dalam Dia, sebab di bawah kolong langit ini tidak ada nama lain yang diberikan kepada manusia yang olehnya kita dapat diselamatkan,"* kecuali Yesus Kristus, tidak ada orang lain lagi dalam sejarah yang layak menjadi Juru Selamat umat manusia.

Pemeliharaan Allah yang Telah Disembunyikan Sebelum Permulaan Waktu

1 Korintus 2:6-7 memberitahu kita, *"Sungguhpun demikian kami memberitakan hikmat di kalangan mereka yang telah matang, yaitu hikmat yang bukan dari dunia ini, dan yang bukan dari penguasa-penguasa dunia ini, yaitu penguasa-penguasa yang akan ditiadakan. Tetapi yang kami beritakan ialah hikmat Allah yang tersembunyi dan rahasia, yang sebelum dunia dijadikan, telah disediakan Allah bagi kemuliaan kita."* 1 Korintus 2:8-9 berlanjut untuk mengingatkan kita, *"tidak ada dari penguasa dunia ini yang mengenalnya, sebab kalau sekiranya mereka mengenalnya, mereka tidak menyallibkan Tuhan yang mulia. Tetapi seperti ada tertulis: 'Apa yang tidak pernah dilihat oleh mata, dan yang tidak pernah didengar oleh telinga, dan yang tidak pernah timbul di dalam hati manusia: semua yang disediakan Allah untuk mereka yang mengasihi Dia.'"* Kita harus sadar bahwa jalan keselamatan yang telah disiapkan Allah bagi umat manusia sebelum permulaan waktu adalah jalan salib oleh Yesus Kristus, dan inilah hikmat Allah yang telah disembunyikan.

Sebagai Pencipta, Allah selalu mengatur segalanya di alam semesta dan memerintah sejarah umat manusia. Raja atau presiden sebuah negara memerintah negaranya menurut hukum wilayah tersebut, pemimpin eksekutif sebuah perusahaan mengatur perusahaannya menurut panduan perusahaan, dan kepala rumah tangga membimbing keluarganya sesuai dengan peraturan keluarga. Demikan pula, meskipun Allah adalah pemilik dari segala sesuatu di alam semesta, Dia selalu memerintah semuanya menurut hukum rohani yang ada di dalam Alkitab.

Menurut hukum alam rohani, terdapat peraturan, "Sebab upah dosa adalah maut" (Roma 6:23), yang menghukum orang yang bersalah, dan terdapat juga peraturan yang dapat membebaskan kita dari dosa-dosa kita. Itulah mengapa Allah menerapkan peraturan untuk membebaskan kita dari dosa-dosa kita untuk memperbaiki autoritas yang telah hilang kepada iblis sang musuh oleh ketidaktaatan Adam.

Apakah peraturan yang dengannya umat manusia dapat dibebaskan dan memulihkan autoritas yang telah dilepaskan oleh manusia pertama Adam kepada iblis sang musuh? Menurut "hukum penebusan tanah", Allah telah menyiapkan jalan keselamatan bagi umat manusia sebelum dimulainya masa..

Yesus Kristus Layak menurut Hukum Penebusan Tanah

Allah memberikan suku Israel "hukum atas penebusan tanah," yang disebutkan sebagai berikut: tanah jangan dijual mutlak; dan, apabila saudaramu jatuh miskin sehingga harus menjual sebagian dari miliknya, maka seorang kaumnya yang berhak menebus, yakni kaumnya yang terdekat harus datang dan menebus yang telah dijual saudaranya itu, dengan demikian memulihkan kepemilikan tanah tersebut (Imamat 25:23-28).

Allah tahu sebelumnya bahwa Adam akan menyerahkan autoritas yang telah dia terima dari Allah kepada iblis oleh ketidaktaatannya. Lebih lagi, sebagai Pemilik yang benar dan asli dari segala sesuatu di alam semesta, Allah telah menyerahkan kepada iblis autoritas dan kemuliaan yang sebelumnya dimiliki oleh Adam, sebagaimana yang dipersyaratkan dalam hukum alam rohani. Itulah mengapa ketika iblis mencobai Yesus dalam Lukas 4 dengan menunjukkan kepada-Nya seluruh kerajaan dunia, dia dapat berkata pada Yesus, *"Segala kuasa itu serta kemuliannya akan kuberikan kepada-Mu, sebab semuanya itu telah diserahkan kepadaku dan aku memberikannya kepada siapa saja yang kukehendaki"* (Lukas 4:6-7).

Menurut hukum penebusan tanah, semua tanah adalah milik Allah. Dan, manusia tidak boleh menjualnya dengan mutlak dan ketika sesorang dengan persyaratan yang layak muncul, penjualan tanah harus dipulihkan kepada orang tersebut. Demikian juga, segala sesuatu di alam semesta adalah milik Allah, sehingga Adam tidak dapat "menjual"nya secara mutlak, dan demikian juga iblis tidak dapat memilikinya dengan mutlak. Oleh karena itu, ketika seorang individu cukup mampu untuk menebus hilangnya autoritas Adam muncul, iblis sang musuh tidak memiliki pilihan kecuali untuk menyerahkan autoritas yang telah diterimanya dari Adam.

Sebelum permulaan waktu, Allah yang adil mempersiapkan seorang manusia yang tidak bersalah yang layak menurut hukum penebusan tanah, dan bahwa jalan keselamatan bagi umat manusia adalah Yesus Kristus.

Bagaimana, kemudian, menurut hukum penebusan tanah, Yesus Kristus dapat memulihkan autoritas yang telah diserahkan kepada iblis sang musuh? Hanya ketika Yesus memenuhi keempat kualifikasi berikut ini, Dia dapat menebus semua manusia dari dosa dan memulihkan autoritas yang telah diserahkan kepada iblis sang musuh.

Pertama, sang penebus haruslah seorang manusia, "kaum terdekat" Adam.

Imamat 25:25 memberitahu kita, *"Apabila saudaramu jatuh miskin, sehingga harus harus menjual sebagian dari miliknya, maka seorang kaumnya yang berhak menebus, yakni kaumnya yang terdekat harus datang dan menebus yang telah dijual saudaranya itu."* Karena "kaum yang terdekat" dapat menebus tanah tersebut, maka dalam rangka menebus autoritas yang telah diserahkan Adam, "kaum yang terdekat" tersebut haruslah seorang manusia. 1 Korintus 15:21-22 berkata, *"Sebab sama seperti maut datang karena satu orang manusia, demikian juga kebangkitan orang mati datang karena satu orang manusia. Karena sama seperti semua orang mati dalam persekutuan dengan Adam, demikian pula semua orang akan dihidupkan kembali dalam persekutuan dengan Kristus."* Dengan kata lain, sebagaimana maut datang melalui ketidaktaatan oleh satu orang manusia, kebangkitan roh orang mati harus diselesaikan melalui seorang manusia juga.

Yesus Kristus adalah "Firman (yang) menjadi daging" dan datang ke dunia (Yohanes 1:14). Dia adalah Anak Allah, lahir dalam daging dengan sifat ilahi dan manusia. Dan lagi, kelahiran-Nya adalah fakta sejarah dan terdapat banyak bukti yang membuktikan fakta ini. Sebagian besar yang dicatat, sejarah umat manusia ditandai dengan menggunakan "B.C" atau *"Before Christ"* dan "A.D." atau *"Anno Domini"* dalam bahasa Latin, yang berarti "dalam tahun Tuhan kita."

Karena Yesus Kristus memasuki dunia dalam bentuk daging, Dia adalah "kaum terdekat" Adam dan memenuhi kualifikasi.

Kedua, sang penebus harus bukan dari keturunan Adam.

Bagi seseorang untuk menjadi penebus orang lain dari dosa-dosa mereka, dia sendiri harus tidak berdosa. Semua keturunan Adam, yang dirinya menjadi seorang pendosa melalui ketidaktaatannya, adalah orang–orang berdosa. Oleh karena itu, menurut hukum penebusan tanah, sang penebus tidak boleh dari keturunan Adam.

Dalam Wahyu 5:1-3 sebagai berikut:

Maka aku melihat di tangan kanan Dia yang duduk di atas takhta itu, sebuah gulungan kitab, yang ditulisi sebelah dalam dan sebelah luarnya dan dimeterai dengan tujuh meterai. Dan aku melihat seorang malaikat yang gagah, yang berseru dengan suara nyaring, katanya: 'Siapakah yang layak membuka gulungan kitab itu dan membuka meterai-meterainya?' Tetapi tidak ada seorang pun yang di sorga atau yang di bumi atau yang di bawah bumi yang dapat membuka gulungan kitab itu atau yang dapat melihat sebelah dalamnya.

Gulungan kitab, "yang dimeterai dengan tujuh meterai" berbicara mengenai perjanjian antara Allah dan iblis setelah Adam jatuh ke dalam dosa, dan barangsiapa yang "layak membuka gulungan kitab itu dan membuka meterai-meterainya" haruslah memenuhi syarat sesuai hukum penebusan tanah. Ketika rasul Yohanes melihat sekeliling, dia tidak dapat menemukan seorang pun yang bisa membuka gulungan kitab dan membuka meterai-meterainya.

Yohanes melihat ke surga di mana terdapat malaikat-malaikat namun tidak ada satupun yang layak. Dia melihat ke bumi dan hanya melihat keturunan Adam, semuanya orang berdosa. Dia melihat ke bawah bumi dan melihat kesudahan orang-orang berdosa dan iblis menuju neraka. Maka menangislah Yohanes dengan amat sedihnya karena tidak ada seorangpun yang dianggap layak mematuhi hukum penebusan tanah (ayat 4).

Lalu, berkatalah seorang dari tua-tua itu kepadaku *"Jangan engkau menangis; sesungguhnya, Singa dari suku Yehuda, yaitu Tunas Daud, telah menang sehingga Ia dapat membuka gulungan kitab itu dan membuka ketujuh meterainya"* (ayat 5). Di sini, "Singa dari suku Yehuda, yaitu Tunas Daud" yaitu Yesus, dari suku Yehuda dan keturunan Daud; Yesus Kristus layak untuk menjadi penebus menurut hukum penebusan tanah.

Dari Matius 1:18-21, kita dapat melihat secara detil silsilah dari Tuhan kita:

Kelahiran Yesus Kristus adalah seperti berikut: Pada waktu Maria, ibu-Nya, bertunangan dengan Yusuf, ternyata ia mengandung dari Roh Kudus, sebelum mereka hidup sebagai suami isteri. Karena Yusuf suaminya, seorang yang tulus hati dan tidak mau mencemarkan nama isterinya di muka umum, ia bermaksud menceraikannya dengan diam-diam. Tetapi ketika ia mempertimbangkan maksud itu, malaikat Tuhan nampak kepadanya dalam mimpi dan berkata, 'Yusuf, anak Daud, janganlah engkau takut mengambil Maria sebagai isterimu; sebab anak yang di dalam kandungannya adalah dari Roh Kudus. Ia akan melahirkan anak laki-laki; dan engkau akan menamakan Dia Yesus, karena Dialah yang akan menyelamatkan umat-Nya dari dosa mereka.'

Alasan Yesus Kristus datang ke dunia sebagai anak tunggal Allah yang sempurna (Yohanes 1:14) melalui rahim seorang perawan bernama Maria adalah karena Yesus harus menjadi seorang manusia yang bukan berasal dari keturunan Adam, sehingga Dia dapat menjadi layak sesuai dengan hukum penebusan tanah..

Ketiga, sang penebus harus mempunyai kuasa.

Apabila saudaramu jatuh miskin sehingga harus menjual sebagian dari miliknya, dan kakaknya ingin menebus tanah untuk adiknya. Maka, kakaknya tersebut harus memiliki harta kekayaan yang cukup untuk menebusnya (Imamat 25:26). Sama halnya, jika adik Anda mempunyai hutang yang sangat besar dan kakaknya ingin membayar hutang tersebut, sang kakak dapat melakukannya ketika ia mempunyai "harta kekayaan yang cukup," tidak hanya sekedar maksud baik.

Dengan tanda yang sama, dalam hal mengubah seorang pendosa menjadi seorang yang benar, "harta kekayaan yang cukup" atau kuasa sangat diperlukan. Dalam hal ini, kuasa untuk penebusan tanah mengacu kepada kuasa untuk menebus seluruh umat manusia dari dosa. Dalam kata lain, sang penebus umat manusia yang layak sesuai dengan hukum penebusan tanah tidak boleh ada dosa terdapat pada-Nya.

Karena Yesus Kristus bukan dari keturunan Adam, Dia tidak mempunyai dosa keturunan. Yesus Kristus sendiri tidak melakukan dosa karena Dia tetap memelihara hukum Taurat selama Dia hidup 33 tahun di bumi. Dia disunat pada hari kedelapan setelah kelahiran-Nya dan sebelum masa tiga tahun pelayanan-Nya, Yesus sepenuhnya patuh dan mengasihi orangtua-Nya, dan tetap setia memelihara firman.

Itu sebabnya mengapa Ibrani 7:26 mengatakan pada kita, *"Sebab Imam Besar yang demikianlah yang kita perlukan yaitu yang saleh, tanpa salah, tanpa noda, yang terpisah dari orang-orang berdosa dan lebih tinggi dari pada tingkat-tingkat sorga."* Dalam 1 Petrus 2:22-23, kita menemukan bahwa, *"[Kristus] tidak berbuat dosa, dan tipu daya tidak ada dalam mulut-Nya. Ketika Ia dicaci maki, Ia tidak membalas dengan mencaci maki; ketika Ia menderita, Ia tidak mengancam, tetapi Ia menyerahkannya kepada Dia, yang menghakimi dengan adil."*

Keempat, sang penebus harus memiliki kasih.

Dalam rangka penyelesaian penebusan tanah, sebagai tambahan untuk ketiga persyaratan di atas, kasih sangatlah dibutuhkan. Tanpa kasih, seorang kakak yang mampu menebus tanah untuk adiknya tidak akan menebus tanah tersebut. Sekalipun seorang kakak adalah orang yang sangat kaya di negeri sementara adiknya mempunyai hutang dengan jumlah yang banyak, tanpa kasih seorang kakak tidak dapat menolong adiknya. Kebaikan apa yang dapat dilakukan dengan kekuasaan dan kekayaan dari seorang kakak untuk adiknya?

Dalam Rut 4 dikisahkan tentang Boas, seorang yang tahu betul kondisi dari Naomi mertua Rut sendiri. Ketika Boas bertanya kepada "kerabat-penebus" untuk menebus milik pusaka Naomi, kerabat-penebus itu menjawab, *Aku ini tidak dapat menebusnya untuk diriku sendiri, sebab Aku akan merusakkan milik pusakaku sendiri. Tebuslah dia untuk dirimu sendiri; aku mengharap engkau menebus apa yang seharusnya aku tebus, sebab aku tidak dapat menebusnya"* (ayat 6). Kemudian Boas, dalam kasihnya yang berlimpah-limpah, menebus tanah untuk Naomi. Sesudah itu, Boas diberkati dengan melimpah untuk menjadi nenek moyang dari Daud.

Yesus, yang datang ke dunia dalam daging, bukan dari keturunan Adam karena Dia dikandung oleh Roh Kudus, dan tidak melakukan dosa. Karenanya, Dia memiliki "harta kekayaan yang cukup" untuk menebus kita. Jika Yesus sama sekali tidak memiliki kasih, bagaimanapun, Dia tidak akan mampu menanggung penderitaan penyaliban. Namun, Yesus adadlah Pribadi yang penuh kasih sehingga Dia disalibkan oleh makhluk biasa, mencucurkan seluruh darah-Nya, dan menebus umat manusia, dengan demikian membuka jalan keselamatan. Inilah hasil dari kasih Allah Bapa kita yang tak terbatas dan pengorbanan Yesus di kayu salib yang taat sampai mati.

Alasan Yesus Disalib di Kayu Salib

Mengapa Yesus disalibkan di kayu salib? Hal ini untuk memenuhi hukum alam roh, seperti tertulis bahwa *"Kristus telah menebus kita dari kutuk hukum, dengan jalan menjadi kutuk karena kita sebab ada tertulis, 'terkutuklah orang yang digantung pada kayu salib'"*(Galatia 3:13). Yesus digantung di kayu salib untuk kepentingan kita sehingga Dia dapat menebus kita orang-orang berdosa dari "kutukan hukum Taurat."

Imamat 17:11 berkata, *"Karena nyawa makhluk ada di dalam darahnya, dan Aku telah memberikan darah itu kepadamu di atas mezbah untuk mengadakan pendamaian bagi nyawamu; karena darah mengadakan pendamaian dengan perantaraan nyawa."* Ibrani 9:22 berbunyi, *"Dan hampir segala sesuatu disucikan menurut hukum taurat dengan darah, dan tanpa penumpahan darah tidak ada pengampunan."* Darah adalah kehidupan "tidak ada pengampunan" tanpa ada penumpahan darah. Yesus menumpahkan darah-Nya yang tidak bercela dan berharga supaya kita memperoleh hidup.

Selanjutnya, melalui penderitaan-Nya di kayu salib, orang-orang percaya dilepaskan dari kutuk penyakit, kelemahan, kemiskinan, dan hal lain yang serupa. Karena Yesus hidup dalam kemiskinan ketika di dunia, Dia mengambil kemiskinan kita. Karena Yesus dicambuk, kita terbebas dari semua penyakit kita. Karena Yesus dipakaikan mahkota duri, Dia menebus kita dari dosa-dosa yang kita lakukan dengan pikiran kita. Karena Yesus dipaku pada tangan dan kaki-Nya, Dia menebus kita dari segala dosa yang kita lakukan dengan tangan dan kaki kita.

Percaya kepada Tuhan adalah untuk Berubah pada Kebenaran

Orang yang sungguh-sungguh mengerti akan pemeliharaan salib dan mempercayainya dari dalam hati mereka yang terdalam akan membebaskan diri mereka sendiri dari dosa dan hidup dengan kehendak Allah. Seperti yang dikatakan Yesus dalam Yohanes 14:23, *"Jika seorang mengasihi Aku, ia akan menuruti firman-Ku dan Bapa-Ku akan mengasihi dia dan*

Kami akan datang kepadanya dan diam bersama-sama dengan dia," orang seperti ini akan menerima kasih dan berkat Allah.

Mengapa, kemudian, orang-orang yang mengakui iman kepada Tuhan tidak menerima jawaban untuk doa mereka dan hidup dalam berbagai pencobaan dan penderitaan? Ini karena, meskipun jika mereka mungkin berkata bahwa mereka percaya kepada Allah, Allah tidak memperhitungkan iman mereka sebagai iman yang sejati. Ini berarti bahwa walaupun telah mendengar firman Allah, mereka belum menyingkirkan dosa-dosa mereka dan berubah pada kebenaran.

Sebagai contoh, terdapat banyak sekali orang percaya yang gagal mematuhi Sepuluh Perintah Allah, dasar kehidupan dalam Kristus. Individu seperti ini sadar akan perintah "Ingatlah dan kuduskanlah hari Sabat." Dan, mereka hanya menghadiri ibadah pagi hari atau sama sekali tidak menghadiri ibadah dan melakukan pekerjaan mereka pada hari Tuhan. Mereka tahu bahwa mereka harus memberi persepuluhan, tetapi karena uang terlalu berharga bagi mereka, mereka gagal memberi seluruh persepuluhan. Ketika Allah secara spesifik berkata pada kita bahwa kegagalan dalam memberi seluruh persepuluhan adalah "merampok" Dia, bagaimana mungkin mereka dapat menerima jawaban dan berkat (Maleakhi 3:8)?

Kemudian ada juga orang percaya yang tidak memaafkan kesalahan dan kekeliruan orang lain. Mereka menjadi marah dan menyusun rencana untuk menuntut balas dengan cara yang sama jahatnya. Beberapa membuat janji-janji tetapi melanggarnya berulangkali, sementara yang lain menyalahkan dan berkeluh kesah, persis seperti halnya orang dunia. Bagaimana mungkin mereka dapat dikatakan memiliki iman sejati?

Jika kita memiliki iman sejati, kita harus berjuang untuk melakukan segala hal menurut kehendak Allah, menghindari setiap kejahatan, dan serupa dengan Tuhan kita yang telah menyerahkan kehidupannya sendiri bagi kita orang yang berdosa. Orang seperti ini dapat mengampuni dan mengasihi orang yang membenci dan menyakiti mereka, dan selalu melayani dan mengorbankan dirinya bagi orang lain.

Ketika Anda menyingkirkan karakter mudah marah Anda, maka Anda akan diubahkan menjadi orang yang bibirnya hanya akan mengucapkan kata-kata kebaikan dan hangat. Jika sebelumnya Anda selalu mengeluh atas segala kesempatan, dengan iman sejati akan berubah untuk mengucap syukur dalam segala keadaan dan membagi kasih karunia kepada semua orang disekitar Anda.

Jika kita sungguh-sungguh percaya kepada Tuhan, maka setiap kita harus menyerupai Dia dan menuju kepada hidup yang diubahkan. Inilah jalan untuk menerima jawaban dan berkat Tuhan.

Surat Ibrani 12:1-2 berkata kepada kita:

Karena kita mempunyai banyak saksi, bagaikan awan yang mengelilingi kita, marilah kita menanggalkan semua beban dan dosa yang begitu merintangi kita, dan berlomba dengan tekun dalam perlombaan yang diwajibkan bagi kita. Marilah kita melakukannya dengan mata yang tertuju kepada Yesus, yang memimpin kita dalam iman, dan yang membawa iman kita itu kepada kesempurnaan, yang dengan mengabaikan kehinaan tekun memikul salib ganti sukacita yang disediakan bagi Dia, yang sekarang duduk di sebelah kanan takhta Allah.

Selain dari sekian banyak bapa iman yang kita temukan dalam Alkitab, di antara kita, terdapat banyak orang yang telah menerima keselamatan dan berkat oleh karena iman kepada Tuhan kita.

Seperti "sebuah awan tebal para saksi" marilah kita memiliki iman sejati! Marilah kita membuang semua yang merintangi dan dosa yang sangat mudah menjerat, dan berupaya untuk menyerupai Tuhan kita! Dengan demikian, seperti yang Yesus janjikan pada kita dalam Yohanes 15:7, *"Jikalau kamu tinggal di dalam Aku dan firman-Ku tinggal di dalam kamu, mintalah apa saja yang kamu kehendaki, dan kamu akan menerimanya,"* maka setiap kita akan mengalami hidup yang dipenuhi dengan jawaban dan berkat-Nya.

Jika Anda belum mengalami kehidupan yang demikian, selidikilah hidup Anda, rendahkanlah hatimu dan bertobatlah karena belum percaya dengan benar kepada Tuhan, dan berketetapan hati untuk hanya hidup sesuai dengan firman Allah.

Semoga setiap Anda memiliki iman sejati, mengalami kuasa Allah, dan memuliakan Dia dengan semua jawaban dan berkat Anda, dalam nama Tuhan kita Yesus Kristus saya berdoa!

Bejana yang Lebih Indah Daripada Permata

- Anak yang Dikasihi Allah Diumpamakan Sebagai "Bejana"
- Berkat Bagi Bejana yang Lebih Indah Daripada Permata

2 Timotius 2:20-21

Dalam rumah yang besar
bukan hanya terdapat perabot dari emas dan perak,
melainkan juga dari kayu dan tanah,
yang pertama dipakai untuk maksud yang mulia dan yang
terakhir untuk maksud yang kurang mulia.
Jika seorang menyucikan dirinya dari hal-hal yang jahat,
ia akan menjadi perabot rumah untuk maksud yang mulia,
ia dikuduskan, dipandang layak untuk dipakai tuannya,
dan disediakan untuk setiap pekerjaan yang mulia.

Allah menciptakan umat manusia sehingga Dia dapat menuai anak-anak sejati yang dengan mereka Dia dapat berbagi kasih sejati. Namun, manusia berbuat dosa, menjauh dari tujuan sebenarnya mereka diciptakan, dan menjadi budak dari sang musuh iblis dan Setan (Roma 3:23). Allah pengasih, tidak menyerah untuk mendapatkan tujuan menuai anak-anak sejati. Dia membuka jalan keselamatan bagi orang-orang yang berada dalam dosa. Allah telah mengorbankan satu-satunya Anak-Nya Yesus di kayu salib sehingga Dia dapat menebus semua manusia dari dosa.

Oleh kasih yang luar biasa ini yang disertai dengan pengorbanan yang besar, bagi semua orang yang percaya kepada Yesus Kristus, jalan keselamatan telah dibuka. »Bagi setiap orang yang percaya di dalam hatinya bahwa Yesus mati dan bangkit kembali dari kubur dan mengakui dengan mulutnya bahwa Yesus adalah Juru Selamatnya, hak sebagai anak Allah pun diberikan kepadanya.

Anak yang Dikasihi Allah
Diumpamakan Sebagai "Bejana"

Dalam 2 Timotius 2:20-21 disebutkan, *"Dalam rumah yang*

besar bukan hanya terdapat perabot dari emas dan perak, melainkan juga dari kayu dan tanah; yang pertama dipakai untuk maksud yang mulia dan yang terakhir untuk maksud yang kurang mulia. Jika seorang menyucikan dirinya dari hal-hal yang jahat, ia akan menjadi perabot rumah untuk maksud yang mulia, ia dikuduskan, dipandang layak untuk dipakai tuannya dan disediakan untuk setiap pekerjaan yang mulia," tujuan dari sebuah bejana adalah untuk diisi sesuatu. Allah mengumpamakan anak-anak-Nya dengan "bejana" karena di dalam mereka Dia dapat mengisi kasih dan anugerah-Nya, dan firman-Nya yang adalah kebenaran, juga kuasa dan autoritas-Nya. Oleh karena itu, kita harus menyadari bahwa tergantung pada jenis bejana yang kita siapkan, kita dapat menikmati semua jenis karunia baik dan berkat yang telah disiapkan Allah bagi kita.

Bejana seperti apakah yang, kemudian, yang harus dimiliki seseorang untuk dapat memiliki semua berkat yang Allah telah sediakan? Itu adalah sebuah bejana yang Allah pandang berharga, mulia dan indah.

Pertama, sebuah bejana yang "berharga" adalah orang yang melaksanakan seluruh tugas dan tanggung jawab yang diberikan Allah padanya. Yohanes Pembabtis yang mempersiapkan jalan bagi Tuhan Yesus kita, dan Musa yang memimpin bangsa Israel keluar dari Mesir termasuk dalam kategori ini.

Kemudian, sebuah bejana yang "mulia" adalah orang yang

memiliki kualitas seperti jujur, penuh dengan kebenaran, memiliki ketepan hati, dan kesetiaan, semua hal yang biasanya jarang ada pada orang biasa. Yusuf dan Daniel, keduanya yang memegang posisi yang setara dengan perdana menteri dari negara yang berkuasa dan sangat memuliakan Tuhan, termasuk dalam kategori ini.

Terakhir, sebuah bejana yang "indah" di hadapan Allah adalah orang yang memiliki hati yang baik yang tidak pernah bertengkar atau bercekcok tetapi dalam kebenaran menerima dan mentolerir segala hal. Ester yang menyelamatkan warga sebangsanya dan Abraham yang dipanggil "Sahabat" Allah termasuk dalam kategori ini.

"Sebuah bejana yang lebih indah daripada permata" adalah seorang individu yang memiliki kualifikasi yang mencakup berharga, mulia dan indah bagi Allah. Sebuah permata yang disembunyikan di antara batu kerikil akan sangat mudah dilihat. Demikian juga, semua anak-anak Allah yang lebih indah daripada permata tanpa ragu lagi pasti akan mudah dilihat.

Sebagian besar permata dihargai berdasarkan ukurannya, tetapi kilauannya dan warna-warna khusus yang bermacam-macam menarik orang untuk mengejar keindahannya. Namun, tidak semua batu yang berkilau dianggap sebagai permata. Permata yang asli harus juga memiliki corak dan kemilau, juga kepadatan fisik. Di sini, "kepadatan fisik" mengacu pada kemampuan bahan tersebut untuk tahan terhadap panas, tidak dicemari dengan bahan-bahan lain yang bercampur dengannya, dan bentuknya tetap. Faktor lain yang juga penting adalah kelangkaannya.

Jika ada sebuah bejana yang sangat cemerlang, kepadatan fisiknya bagus, dan juga langka, betapa berharga, mulia, dan indah jadinya bejana tersebut? Allah ingin anak-anak-Nya menjadi bejana yang lebih indah daripada permata dan ingin mereka memiliki hidup yang diberkati. Ketika Allah menemukan bejana seperti itu, Dia akan mencurahkan mereka dengan tanda-tanda kasih dan kesukaan-Nya dengan melimpah.

Bagaimana kita dapat menjadi bejana yang lebih indah daripada permata dalam pandangan Allah?

Pertama, Anda harus menyucikan hati Anda dengan firman Allah, yang adalah kebenaran itu sendiri.

Agar sebuah bejana digunakan sesuai dengan tujuan aslinya, diatas semuanya itu dia harus bersih. Meskipun mahal, sebuah bejana emas tidak dapat digunakan jika dia kotor bernoda dan berbau amis. Hanya ketika barang mahal, bejana emas ini dibersihkan dalam air baru dia dapat digunakan sesuai dengan tujuannya.

Hal yang sama berlaku bagi anak-anak Allah. Untuk anak-anak-Nya, Allah telah menyediakan berkat yang melimpah dan berbagai macam karunia, berkat kekayaan dan kesehatan, dan hal lain sejenisnya. Jika kita ingin menerima berkat dan karunia itu, pertama kita harus menyiapkan diri kita sendiri sebagai bejana yang bersih.

Kita menemukan dalam Yeremia 17:9, *"Betapa liciknya hati, lebih licik dari pada segala sesuatu, hatinya sudah membatu: siapakah yang dapat mengetahuinya?"* Kita juga menemukan dalam Matius 15:18-19, dimana Yesus berkata, *"Tetapi apa yang keluar dari mulut berasal dari hati dan itulah yang menajiskan orang. Karena dari hati timbul segala pikiran jahat, pembunuhan, perzinahan, percabulan, pencurian, sumpah palsu dan hujat."* Oleh karena itu, hanya setelah kita membersihkan hati kita dapat menjadi bejana yang bersih. Setelah menjadi bejana yang bersih, tidak ada dari kita yang akan memikirkan "pikiran-pikiran jahat", mengucapkan kata-kata jahat, atau melakukan perbuatan-perbuatan jahat.

Pembersihan hati kita hanya dimungkinkan dengan air rohani, firman Allah. Itulah mengapa Alkitab mendorong kita dalam Efesus 5:26 untuk *"menguduskan [kita], sesudah ia menyucikan [kita] dengan memandikan [kita] dengan air dan firman,"* dan mendorong setiap kita untuk *"menghadap Allah dengan hati yang tulus ikhlas dan keyakinan iman yang teguh, oleh karena hati kita telah dibersihkan dari hati nurani yang jahat dan tubuh kita telah dibasuh dengan air yang murni"* (Ibrani 10:22).

Bagaimana, kemudian, air rohani – firman Allah – membersihkan kita? Kita harus patuh pada beragam perintah yang ditemukan dalam ke 66 kitab dalam Alkitab yang digunakan untuk "membersihkan" hati kita. Mematuhi perintah-perintah demikian dengan begitu banyak "Jangan" dan "Buanglah" akhirnya akan membimbing kita untuk melepaskan diri kita sendiri dari semua hal-hal dosa dan jahat.

Tingkah laku orang yang telah dibersihkan hatinya dengan firman Allah juga akan berubah dan memancarkan terang Kristus. Namun, mematuhi firman tidak dapat dicapai hanya dengan kekuatan dan keinginan manusia sendiri; Roh Kudus harus membimbing dan menolongnya.

Ketika kita mendengar dan mengerti Firman, membuka hati kita, dan menerima Yesus sebagai Juru Selamat kita, Allah memberikan Roh Kudus sebagai karunia. Roh Kudus berdiam di dalam orang yang menerima Yesus sebagai Juru Selamat mereka, dan menolong mereka untuk mendengar dan mengerti firman kebenaran. Kitab Suci memberitahu kita bahwa *"Apa yang dilahirkan oleh daging, adalah daging, dan apa yang dilahirkan dari Roh, adalah roh"* (Yohanes 3:6). Anak-anak Allah yang menerima Roh Kudus sebagai karunia dapat melepaskan diri mereka setiap hari dari dosa dan kejahatan dengan kuasa Roh Kudus, dan menjadi orang rohani.

Apakah ada diantara Anda yang kuatir dan cemas, berpikir, 'Bagaimana saya dapat mematuhi perintah-perintah tersebut?'

1 Yohanes 5:2-3 mengingatkan kita, *"Inilah tandanya, bahwa kita mengasihi anak-anak Allah, yaitu apabila kita mengasihi Allah serta melakukan perintah-perintah-Nya. Sebab inilah kasih kepada Allah, yaitu, bahwa kita menuruti perintah-perintah-Nya. Perintah-perintah-Nya itu tidak berat."* Jika Anda mengasihi Allah dari hati Anda yang paling dalam, mematuhi perintah-perintah-Nya tidaklah sulit.

Ketika para orangtua melahirkan anak-anak mereka, orangtua menjaga setiap aspek dari anak mereka termasuk makanan, pakaian, mandi, dan hal lain yang sejenisnya. Di satu pihak, jika para orangtua merawat seorang anak yang bukan anak mereka, hal itu mungkin terasa sebagai beban. Di lain pihak, jika para orangtua merawat anak mereka sendiri, hal itu tidak akan pernah terasa sebagai beban. Meskipun jika anak tesebut bangun dan menangis di tengah malam, orangtua tidak akan merasa terganggu; mereka sangat mengasihi anak mereka. Melakukan sesuatu untuk orang yang dikasihi adalah sebuah sumber sukacita dan kebahagiaan; tidaklah sulit atau mengganggu. Dengan hal yang sama, jika kita sungguh-sungguh percaya bahwa Allah adalah Bapa dari roh kita dan, dalam kasih-Nya yang tak terukur, telah memberikan Anak-Nya yang tunggal untuk disalibkan di kayu salib bagi kita, bagaimana mungkin kita tidak mengasihi Dia? Lebih lagi, jika kita mengasihi Allah, hidup sesuai dengan firman-Nya tidaklah sulit. Sebaliknya, akan menyulitkan dan menderita ketika kita tidak hidup sesuai dengan firman Allah atau mematuhi kehendak-Nya.

Saya telah menderita karena berbagai jenis penyakit selama tujuh tahun sampai kakak perempuan saya membimbing saya ke dekat altar Allah. Dengan menerima api Roh Kudus dan penyembuhan semua penyakit saya pada saat saya berlutut di dekat altar, saya bertemu dengan Allah yang hidup. Ini terjadi pada 17 April 1974. Sejak saat itu, saya mulai menghadiri semua jenis ibadah penyembahan dengan rasa terima kasih yang besar atas kasih karunia Allah. Pada bulan November di tahun yang sama, saya menghadiri kebaktian kebangunan rohani saya yang pertama di mana saya mulai belajar Firman-Nya, dasar kehidupan seseorang dalam Kristus:

'Ah, ini rupanya yang disukai Allah!'

'Saya harus membuang semua dosa saya.'

'Inilah yang terjadi ketika saya percaya!'

'Saya harus berhenti merokok dan minum minuman keras.'

'Saya akan berdoa terus menerus.'

'Memberi persepuluhan adalah perintah,

Dan saya tidak akan datang ke hadapan Allah dengan tangan kosong.'

Sepanjang minggu, saya menerima firman hanya dengan "Amin!" dalam hati saya.

Penulis Dr. Jaerock Lee

Setelah kebaktian kebangunan rohani tersebut, saya berhenti merokok dan minum minuman keras, dan mulai memberi persepuluhan dan persembahan syukur. Saya juga mulai berdoa pada saat fajar dan kemudian menjadi seorang pendoa. Saya melakukan persis seperti apa yang telah saya pelajari, dan juga mulai membaca Alkitab.

Saya telah disembuhkan dari semua penyakit dan kelemahan saya, tidak ada satu pun yang disembuhkan dengan cara-cara duniawi, dengan kuasa Allah dalam waktu sekejap. Oleh karena itu, saya hanya percaya sepenuhnya pada setiap ayat dan pasal dalam Alkitab. Karena saya adalah seorang pemula dalam iman pada saat itu, ada beberapa bagian dari Kitab Suci yang tidak dapat saya mengerti dengan mudah. Dan, perintah-perintah yang dapat saya mengerti mulai saya lakukan saat itu juga. Sebagai contoh, ketika Alkitab memberitahu saya untuk tidak berbohong, kemudian saya berkata pada diri saya, "Berbohong adalah sebuah dosa! Alkitab memberitahu saya tidak boleh berbohong, maka saya tidak akan berbohong." Saya juga berdoa, "Allah, tolong saya menjauhkan kebohongan akibat kurang hati-hati!" Itu bukan karena saya telah menipu orang dengan hati yang jahat, tetapi saya tetap berdoa dengan sungguh-sungguh supaya saya bahkan dapat berhenti dari berbohong karena kurang hati-hati.

Banyak orang berbohong, dan sebagian besar dari mereka

tidak menyadari bahwa mereka berbohong. Ketika seseorang, yang Anda tidak suka untuk ajak berbicara di telepon, menelepon, apakah Anda pernah dengan acuh tak acuh meminta anak-anak Anda, teman kerja, atau teman untuk "Bilang dia saya tidak ada di sini"? Banyak orang berbohong karena mereka "berbaik hati" terhadap orang lain. Beberapa orang berbohong ketika, contohnya, mereka ditanya minuman atau makanan apa yang mereka inginkan ketika berkunjung ke tempat seseorang. Meskipun mereka belum makan atau sedang haus, para tamu yang tidak ingin menjadi "beban" sering berkata pada tuan rumah, "Tidak, terima kasih. Saya telah makan (atau minum) sebelum saya datang kemari." Namun, setelah saya tahu bahwa berbohong meskipun dengan maksud yang baik tetap saja berbohong, saya berdoa terus menerus untuk membuang kebohongan dan pada akhirnya saya dapat membuang kebohongan yang muncul karena kurang hati-hati.

Lebih lagi, saya membuat daftar apa saja yang merupakan hal-hal yang jahat dan dosa yang perlu saya buang, dan berdoa. Hanya ketika saya menjadi yakin bahwa saya telah benar-benar membuang sebuah kejahatan dan kebiasaan atau perbuatan dosa, saya mencoret hal tersebut dengan pulpen merah. Jika masih ada kejahatan dan dosa yang saya tidak dapat buang dengan mudah bahkan setelah berdoa dengan sungguh-sungguh, saya mulai berpuasa tanpa berhenti. Jika saya tidak dapat melakukannya setelah tiga hari berpuasa, saya melanjutkan puasa menjadi lima hari. Jika saya mengulangi dosa yang sama, kemudian saya melakukan puasa tujuh hari. Namun, saya jarang melakukan puasa sampai seminggu; setelah tiga hari berpuasa, saya dapat membuang semua kejahatan dan dosa. Semakin banyak saya membuang kejahatan melalui pengulangan proses seperti itu, saya menjadi sebuah bejana yang lebih bersih.

Tiga tahun setelah saya bertemu dengan Tuhan, saya membuang semua ketidaktaatan terhadap firman Allah dan dapat dianggap sebagai sebuah bejana yang bersih dalam pandangan-Nya. Sebagai tambahan, karena saya dengan rajin dan taat pada perintah-perintah-Nya, termasuk "Lakukankah" dan "Jagalah" saya dapat hidup menurut firman-Nya dalam waktu yang cukup singkat. Karena saya diubahkan menjadi sebuah bejana yang bersih, Allah memberkati saya dengan melimpah. Keluarga saya menerima berkat kesehatan. Saya dapat dengan cepat membayar semua hutang. Saya menerima berkat baik secara jasmani dan rohani. Hal ini karena, Alkitab menjamin kita sebagai berikut: *"Saudara-saudaraku yang kekasih, jikalau hati kita tidak menuduh kita, maka kita mempunyai keberanian percaya untuk mendekati Allah, dan apa saja yang kita minta, kita memperolehnya dari pada-Nya, karena kita menuruti segala perintah-Nya dan berbuat apa yang berkenan kepada-Nya"* (1 Yohanes 3:21-22).

Kedua, untuk menjadi sebuah bejana yang lebih indah dari pada sebuah permata, Anda harus "dimurnikan oleh api" dan memancarkan terang rohani.

Batu permata yang mahal pada cincin dan kalung sebelumnya tidaklah murni. Namun, mereka telah dimurnikan oleh pengrajin permata dan mengeluarkan cahaya yang berkilauan dan memiliki bentuk-bentuk yang indah.

Seperti halnya para pengrajin permata yang terlatih ini memotong, memoles, dan memurnikan dengan api batu-batu permata ini dan mengubahnya menjadi bentuk-bentuk yang indah dan memancarkan kilau yang luar biasa, Allah juga mendisiplinkan anak-anak-Nya. Allah mendisiplinkan mereka bukan karena dosa mereka, tetapi agar melalui disiplin Dia dapat memberkati mereka secara jasmani dan rohani. Dalam pandangan anak-anak-Nya yang tidak melakukan dosa atau melakukan sesuatu yang salah, terlihat bahwa mereka harus menahan sakit dan penderitaan dari pencobaan-pencobaan. Ini adalah sebuah proses di mana Allah melatih dan mendisiplin anak-anak-Nya sehingga mereka dapat memancarkan warna dan kemilau yang lebih indah. 1 Petrus 2:19 mengingatkan kita bahwa, *"Sebab adalah kasih karunia, jika seorang karena sadar akan kehendak Allah menanggung penderitaan yang tidak harus ia tanggung."* Kita juga membaca bahwa, *"Maksud semuanya itu ialah untuk membuktikan kemurnian imanmu –*

yang jauh lebih tinggi nilainya dari pada emas yang fana, yang diuji kemurniannya dengan api – sehingga kamu memperoleh puji-pujian dan kemuliaan dan kehormatan pada hari Yesus Kristus menyatakan diri-Nya" (1 Petrus 1:7).

Meskipun jika anak-anak Allah telah membuang semua jenis kejahatan dan menjadi bejana yang disucikan, pada waktu yang Allah tentukan, Allah mengijinkan mereka untuk didisiplinkan dan dicobai supaya mereka dapat muncul sebagai bejana yang lebih indah dari pada permata. Sebagian dari 1 Yohanes 1:5 memberitahu kita, *"Allah adalah terang dan di dalam Dia sama sekali tidak ada kegelapan,"* karena Allah adalah terang yang mulia itu sendiri tanpa cacat cela atau noda, Dia membimbing anak-anak-Nya kepada tingkat terang yang sama.

Oleh karena itu, ketika Anda menang atas setiap pencobaan yang diijinkan Allah dalam kebaikan dan kasih, Anda akan menjadi sebuah bejana yang lebih indah dan bersinar. Tingkat kuasa dan autoritas rohani berbeda sesuai dengan kecemerlangan terang rohani. Sebagai tambahan, ketika terang rohani bersinar, sang musuh iblis dan Setan tidak memiliki tempat untuk berdiri.

Dalam Markus 9 disebutkan sebuah kisah di mana Yesus mengusir roh jahat dari seorang anak laki-laki yang ayahnya memohon kepada Yesus untuk menyembuhkan anaknya. Yesus memarahi roh jahat tersebut. *"Hai kau roh jahat yang menyebabkan orang menjadi bisu dan tuli, Aku memerintahkan engkau, keluarlah dari pada anak ini dan jangan memasukinya lagi!"* (ayat 25). Roh jahat tersebut meninggalkan anak laki-laki tersebut, yang menjadi bisa berbicara kembali. Berkaitan dengan kejadian ini adalah episode lain di mana sang ayah membawa anak laki-lakinya kepada murid-murid Yesus yang tidak dapat mengusir roh jahat tersebut. Hal itu karena tingkat terang rohani para murid dan tingkat terang Yesus berbeda.

Apa, kemudian, yang harus kita lakukan jika kita ingin memasuki tingkatan terang rohani Yesus? Kita dapat menang dalam setiap pencobaan dengan sungguh-sungguh percaya kepada Tuhan, mengatasi kejahatan dengan kebaikan, dan bahkan mengasihi musuh. Akibatnya, ketika kebaikan, kasih, dan kebenaran Anda dianggap tulus, seperti halnya Yesus, anda dapat mengusir roh jahat dan menyembuhkan setiap penyakit dan kelemahan.

Berkat Bagi Bejana yang Lebih Indah
Daripada Permata

Ketika saya telah berjalan dalam jalan iman selama beberapa tahun, saya juga telah mengalami pencobaan yang tidak terhitung jumlahnya. Sebagai contoh, pada tuduhan dari sebuah program televisi beberapa tahun yang lalu, saya mengalami sebuah pencobaan yang sangat menyakitkan dan membuat saya menderita seperti mau mati. Bagai kejatuhan beban yang berat, orang-orang yang telah menerima kasih karunia melalui saya dan banyak lagi yang telah saya anggap sebagai keluarga mengkhianati saya.

Bagi orang duniawi, saya menjadi sebuah subyek kesalahpahaman dan sebuah target untuk dipersalahkan, sementara banyak jemaat Manmin menderita dan dituduh dengan salah. Meskipun demikian, jemaat Manmin dan saya mengatasi pencobaan tersebut dengan kebaikan dan, kami menyerahkan semuanya kepada Allah, kami memohon kasih dan kemurahan hati Allah untuk mengampuni mereka.

Lebih lagi, saya tidak membenci atau mengabaikan mereka yang telah meninggalkan dan membuat kesulitan bagi gereja. Di tengah-tengah pencobaan yang sangat menyiksa ini, saya percaya sepenuhnya bahwa Allah Bapa saya mengasihi saya. Inilah bagaimana saya dapat menghadapi siapa pun yang telah melakukan kejahatan pada saya dengan kasih dan kebaikan. Sebagai seorang murid yang menerima penghargaan atas kerja kerasnya dan mendapatkan sesuatu melalui ujian, ketika iman, kebaikan, kasih, dan kebenaran saya mendapatkan penghargaan Allah, Dia memberkati saya untuk melakukan dan memanifestasikan kuasa-Nya semuanya dengan lebih luar biasa lagi.

Setelah pencobaan, Dia membuka pintu yang melaluinya saya dapat menyelesaikan misi dunia. Allah bekerja sehingga puluhan ribu, ratusan ribu, dan bahkan jutaan orang berkumpul di penginjilan luar negeri yang saya adakan, dan Dia telah bersama saya dengan kuasa-Nya yang melampaui ruang dan waktu.

Terang rohani yang Allah lingkupi di sekitar kita adalah lebih terang dan indah dari pada permata mana pun di dunia. Allah menginginkan anak-anak-Nya yang Dia lingkupi dengan terang rohani menjadi bejana-bejana yang lebih indah dari pada permata.

Oleh karena itu, semoga masing-masing Anda dapat dengan cepat mencapai penyucian dan menjadi sebuah bejana yang memancarkan terang rohani yang telah tahan uji terhadap pencobaan dan lebih indah dari pada sebuah permata, sehingga Anda akan menerima apa pun yang Anda minta dan menjalani hidup yang diberkati, dalam nama Tuhan kita Yesus Kristus saya berdoa!

Terang

1 Yohanes 1:5

Dan inilah berita
yang telah kami dengar dari Dia,
dan yang kami sampaikan kepada kamu,
Allah adalah Terang,
dan di dalam Dia sama sekali tidak ada kegelapan.

Ada banyak jenis terang dan masing-masing di antaranya memiliki kemampuannya sendiri yang ajaib. Di atas segalanya, terang menyinari kegelapan, memberikan kehangatan, dan membunuh bakteri atau jamur yan berbahaya. Dengan terang, tanaman dapat hidup melalui fotosintesis.

Namun, ada terang jasmani yang dapat kita lihat dengan telanjang dan dapat kita sentuh, serta terang rohani yang tidak dapat kita lihat atau sentuh. Sama seperti terang jasmani memiliki banyak kemampuan, dalam terang rohani juga ada berbagai kemampuan yang tidak terhitung banyaknya. Saat terang menyinari di malam hari, kegelapan segera menghilang.

Demikian juga halnya, saat terang rohani menyinari hidup kita, kegelapan rohani akan segera menghilang sat kita berjalan dalam kasih dan anugerah Allah. Karena kegelapan rohani adalah akar dari segala penyakit dan berbagai permasalah di rumah, pekerjaan, dan dalam hubungan, kita tidak dapat mengalami kenyamanan yang sejati. Namun, saat terang rohani menyinari hidup kita, semua masalah yang melampaui pengetahuan dan kemampuan manusia dapat diselesaikan dan semua kerinduan kita terjawab.

Terang Rohani

Apakah terang rohani itu dan bagaimana cara kerjanya? Kita menemukan pada setengah bagian terakhir dalam 1 Yohanes 1:5 bahwa, *"Allah adalah terang dan di dalam Dia sama sekali tidak ada kegelapan,"* dan di dalam Yohanes 1:1, *"Firman itu adalah Allah."* Singkatnya, "terang" merujuk kepada bukan hanya Allah sendiri, tetapi juga firman-Nya yang adalah kebenaran, kebaikan, dan kasih. Sebelum penciptaan segala sesuatu, di dalam kehampaan alam semesta Allah telah ada sendirian dan tidak memiliki bentuk apa pun. Sebagai kesatuan cahaya dan suara, Allah memenuhi seluruh semesta. Cahaya yang cemerlang, agung, dan indah itu mengelilingi seluruh semesta dan dari cahaya itu keluar suara yang anggun, jernih, dan merdu.

Allah yang berwujud cahaya dan suara merancang pemeliharaan atas peradaban manusia unuk menuai anak-anak yang sejati. Kemudian Ia menjadi suatu bentuk, memisahkan Diri-Nya ke dalam Tritunggal, dan dalam gambar-Nya Sendiri Ia menciptakan umat manusia. Namun, intisari Allah masih berupa cahaya dan suara, dan Ia masih bekerja dengan terang dan suara itu. Walaupun Ia berada dalam wujud manusia, di dalam wujud itu ada terang dan suara yang merupakan kuasa-Nya yang tak terbatas.

Sebagai tambahan atas kuasa Allah, ada unsur-unsur lain dari kebenaran, termasuk kasih dan kebaikan di dalam terang rohani ini. Ke-66 kitab di dalam Alkitab adalah kumpulan semua kebenaran dari terang rohani yang dikeluarkan dalam suara. Dengan kata lain, "terang" merujuk pada semua perintah dan ayat di dalam Alkitab tentang kebaikan, kebenaran, dan kasih, termasuk "Mengasihi satu sama lain," "Jangan berhenti berdoa," "Kuduskanlah hari Sabat," "Taatilah Kesepuluh Perintah Allah," dan lain-lain.

Berjalan dalam Terang untuk Bertemu Allah

Sementara Allah memerintah dunia terang, si musuh iblis dan Setan memerintah dunia kegelapan. Dan lagi, karena si musuh iblis dan Setan menentang Allah, maka manusia yang tinggal di dunia kegelapan tidak dapat bertemu dengan Allah. Karenanya, untuk dapat bertemu dengan Allah, mendapati masalah-masalah dalam hidup Anda diselesaikan, dan menerima jawaban-jawaban, Anda harus cepat keluar dari dunia kegelapan dan masuk ke dalam dunia terang.

Di dalam Alkitab kita menemukan banyak perintah, "Lakukanlah". Ini meliputi, "Saling mengasihilah satu dengan yang lain," "Saling melayanilah satu dengan yang lain," "Berdoalah", "Mengucap syukurlah," dan sebagainya. Ada juga perintah "Peganglah", termasuk di antaranya "Peganglah hari

Sabat," "Peganglah Kesepuluh Perintah Allah," "Peganglah perintah-perintah Allah," dan lainnya. Lalu ada banyak perintah "Jangan," termasuk "Jangan berbohong," "Jangan membenci" "Jangan mencari keuntungan sendiri," "Jangan menyembah berhala," "Jangan mencuri," "Jangan iri," "Jangan mendengki," "Jangan bergosip," dan semacamnya. Ada juga perintah "Buanglah," termasuk "Buanglah segala kejahatan," "Buanglah rasa iri dan dengki," "Buanglah ketamakan" dan lain-lain.

Di satu sisi, menaati perintah-perintah Allah ini adalah hidup dalam terang, menyerupai Tuhan kita, dan menyerupai Allah Bapa. Di sisi lain, jika Anda tidak melakukan apa yang diperintahkan Allah, jika Anda tidak memegang apa yang Allah perintahkan untuk dipegang, jika anda melakukan apa yang dilarang oleh Allah, dan jika Anda tidakmembuang apa yang diperintahkan Allah untuk dibuang, Anda akan terus tinggal dalam kegelapan. Karenanya, dengan mengningat bahwa melanggar firman Allah berarti kita berada dalam dunia kegelapan yang dikuasai oleh si musuh, iblis dan Setan, kita harus selalu hidup menurut firman-Nya dan berjalan dalam terang.

Persekutuan Dengan Allah Saat Kita
Berjalan di dalam Terang

Seperti yang dituliskan dalam setengah bagian pertama dari 1 Yohanes 1:7, *"Tetapi jika kita hidup di dalam terang sama seperti Dia ada di dalam terang, maka kita beroleh persekutuan seorang dengan yang lain,"* hanya jika kita berjalan dan berdiam di dalam terang kita dapat dikatakan memiliki persekutuan dengan Allah.

Sama seperti ada persekutuan antara ayah dan anak-anaknya, kita juga harus memiliki persekutuan dengan Allah, Bapa dari roh kita. Namun demikian, untuk dapat memiliki dan memelihara persekutuan dengan-Nya, kita harus memenuhi satu syarat ini: Membuang dosa dengan berjalan di dalam terang. Karena itulah *"Jika kita katakan, bahwa kita beroleh persekutuan dengan Dia, namun kita hidup didalam kegelapan, kita berdusta dan kita tidak melakukan kebenaran"* (1 Yohanes 1:6).

"Persekutuan" bukanlah satu sisi. Hanya karena Anda mengenal seseorang, bukan berarti Anda memiliki persekutuan dengan orang itu. Hanya pada saat kedua sisi menjadi cukup dekat untuk saling mengenal, mempercayai, bergantung, dan berbicara dengan satu sama lain barulah ada "Persekutuan" antara kedua pihak.

Misalnya, sebagian besar dari anda tahu siapa raja atau

presiden dari negeri Anda. Namun seberapa baikknya Anda mengetahui atau mengenal tentang sang presiden, jika ia tidak mengenal Anda, maka tidak ada persekutuan antara anda dan presiden. Juga, di dalam persekutuan ada beberapa kedalaman yang berbeda. Anda berdua mungkin hanya sekedar kenalan, Anda berdua mungkin cukup dekat untuk bisa saling menanyakan kabar sewaktu-waktu, atau anda berdua mungkin memilki ubunga yang intim di mana Anda berbagi sampai rahasia-rahasia yang terdalam.

Sama halnya dengan persekutuan dengan Allah. Supaya hubungan kita dengan-Nya menjadi persektuan yang sejati, Allah harus mengenal dan mengakui kita. Jika kita memiliki persekutuanyang mendalam dengan Allah, kita tidak akan menjadi sakit atau lemah, dan tidak akan ada penghalang untuk kita menerima jawaban. Allah mau memberi kepada anak-anak-Nya hanya yang terbaik, Ia mengatakan kepada kita dalam Ulangan 28 bahwa jika kita sepenuhnya menaati Allah kita dan dengan cermat mnegikuti semua perintah-Nya, kita akan diberkati saat kita masuk dan diberkati saat kita keluar, kita akan meminjamkan dan tidak akan meminjam dari siapapun, menjadi kepala dan bukan ekor.

Para Bapa Iman Yang Memiliki Persekutuan
Sejati Dengan Allah

Persekutuan seperti apakah yang dimiliki Daud, yang disebut Allah sebagai *"seorang yang berkenan di hati-Ku dan yang melakukan segala kehendak-Ku"* (Kisah Para Rasul 13:22), bersama Allah? Daud mengasihi Allah, takut akan Dia, da bergantung sepenuhnya kepada Allah sepanjang waktu. Saat ia sedang melarikan diri dari Saul atau hendak pergi berperang, seperti seorang anak kecil yang menanyakan satu persatu kepada orangtuanya apa yang ahrus dia lakukan, Daud selalu bertanya, "Haruskah aku pergi?" "Kemanakah aku harus pergi?" dan melakukan seperti yang Allah perintahkan kepadanya. Terlebih lagi, Allah selalu memberi jawaban yang lembut dan detil kepada Daud, dan saat Daud melakukan seperti yang dikatakan Allah, ia dapat memperoleh kemenangan demi kemenangan (2 Samuel 5:19-25).

Daud dapat menikmati hubungan yang indah dengan Allah karena, dengan imannya, Daud menyukakan Allah. Misalnya, di awal pemerintahan Raja Saul, orang Filistin menyerang Israel. Mereka dipimpin oleh Goliat, yang mengejek tentara Israel dan menghujat serta menentang nama Allah. Namun tidak seorang pun dari perkemahan Israel yang berani menantang Goliat. Pada saat itu, walaupun ia masih seorang remaja, Daud pergi menghadapi Goliat tanpa senjata serta hanya membawa lima batu kerikil dari sungai karena ia percaya dalam Allah Israel Yang Mahakuasa, dan percaya bahwa peperangan itu adalah milik Allah (1 Samuel 17). Allah bekerja sehingga kerikil Daud mengenai dahi Goliat. Sesudah Goliat mati keadaan menjadi berbalik dan Israel meraih kemenangan total.

Untuk imannya yang teguh ini, Daud disebut sebagai *"seorang yang berkenan dihati-Ku"* oleh Allah, dan sama seperti seorang ayah dan anaknya yang memiliki hubungan yang intim akan saling mendisuksikan segala masalah, Daud dapat mencapai segala hal dengan Allah di sisinya.

Alkitab juga mengatakan kepada kita bahwa Alah berbicara kepada Musa dengan berhadapan muka. Misalnya, ketika Musa dengan berani meminta Allah untuk menunjukkan wajah-Nya, Allah mau memberi Musa apa pun yang ia minta (Keluaran 33:18). Bagaimana Musa bisa memiliki hubungan yang dekat dan intim dengan Allah?

Segera setelah Musa memimpin bangsa Israel keluar dari Mesir, ia berpuasa dan berkomunikasi dengan Allah selama empat puluh hari di Gunung Sinai. Ketika kepulangan Musa tertunda, bangsa Israel membuat sebuah berhala yang mereka sembah. Setelah melihat ini Allah berkata kepada Musa bahwa *"Ia akan meghancurkan bangsa Israel, dan Ia akan membuat Musa menjadi bangsa yang besar"* (Keluaran 32:10).

Atas hal ini, Musa memohon kepada Allah. *"Berbaliklah*

dari murka-Mu yang bernyala-nyala itu dan menyesallah karena malapetaka yang hendak Kaudatangkan kepada umat-Mu" (Keluaran 31:12b). Keesokan harinya, ia memohon kembali kepada Allah: Lalu kembalilah Musa menghadap TUHAN dan berkata: *"Ah, bangsa ini telah berbuat dosa besar, sebab mereka telah membuat allah emas bagi mereka. Tetapi sekarang, kiranya Engkau mengampuni dosa mereka itu—dan jika tidak, hapuskanlah kiranya namaku dari dalam kitab yang telah Kautulis"* (Keluaran 32:31-32). Sungguh suatu doa yang luar biasa dan sungguh-sungguh!

Juga, kita menemukan dalam Bilangan 12:3 mengatakan kepada kita bahwa, *"Adapun Musa ialah seorang yang sangat lembut hatinya, lebih dari setiap manusia yang di atas muka bumi."* Bilangan 12:7 mengatakan, *"Bukan demikian hamba-Ku Musa, seorang yang setia dalam segenap rumah-Ku."* Dengan kasihnya yang besar dan hati yang lembut, Musa dapat menjadi orang yang setia di segenap rumah Allah dan menikmati persekutuan yang intim dengan Allah.

Berkat Bagi Orang-Orang yang Berjalan Dalam terang

Yesus, yang datang sebagai terang dunia, mengajarkan hanya kebenaran dan injil surga. Orang-orang yang berada dalam kuasa kegelapan adalah milik iblis dan tidak dapat memahami terang itu walaupun dijelaskan kepadanya. Dalam penentangan mereka, orang-orang dalam dunia kegelapan tidak dapat menerima terang ataupun keselamatan, sebaliknya menuju jalan kehancuran.

Orang-orang yang berhati baik dapat melihat dosa mereka, bertobat, dan memperoleh keselamatan melalui terang kebenaran. Dengan mengikuti kerinduan Roh Kudus, mereka juga lahir dalam roh setiap hari dan berjalan dalam terang. Kurangnya hikmat ataupun kemampuan di pihak mereka tidak lagi menjadi masalah. Mereka akan memiliki persatuan dengan Allah yang merupakan terang, dan menerima suara dan pengawasan dari Roh Kudus. Maka segala sesuatunya akan berjalan baik dan mereka akan menerima hikmat dari surga. Bahkan jika mereka memiliki masalah-masalah yang menjerat seperti sarang laba-laba, tidak ada apa pun yang dapat menghalangi mereka menyelesaikan masalah itu dan tidak ada rintangan apa pun yang dapat menahan langkah mereka karena Roh Kudus sendiri yang akan memberi tahu mereka jalannya.

Seperti dituliskan dalam 1 Korintus 3:18 yang mendorong kita, *"Janganlah ada orang yang menipu dirinya sendiri. Jika ada di antara kamu yang menyangka dirinya berhikmat menurut dunia ini, biarlah ia menjadi bodoh, supaya ia berhikmat,"* kita harus menyadari bahwa hikmat dunia ini adalah kebodohan di hadapan Allah.

Juga, seperti dikatakan oleh Yakobus 3:17 kepada kita,

"Tetapi hikmat yang dari atas adalah pertama-tama murni, selanjutnya pendamai, peramah, penurut, penuh belas kasihan dan buah-buah yang baik, tidak memihak dan tidak munafik." Saat kita mencapai pengudusan dan masuk ke dalam terang, maka hikmat dari surga akan turun atas kita. Ketika kita berjalan di dalam terang, kita juga mencapai suatu tingkatan di mana kita bahagia walaupun kita berkekurangan, dan kita tidak merasa bahwa kita berkekurangan walaupun memang demikian keadaannya.

Rasul Paulus mengaku di dalam Filipi 4:11, *"Kukatakan ini bukanlah karena kekurangan, sebab aku telah belajar mencukupkan diri dalam segala keadaan."* Dengan perumpamaan yang sama, jika kita berjalan di dalam terang kita akan mencapai damai sejahtera Allah, sehingga damai sejahtera dan sukacita akan keluar dan melimpah di dalam kita. Orang yang berdamai dengan sesamanya tidak akan bertengkar atau kasar kepada keluarganya. Sebaliknya, saat kasih dan karunia melimpah di dalam hati mereka, pengakuan pengucapan syukur tidak akan berhenti dari bibir mereka.

Terlebih lagi, saat kita berjalan dalam terang dan menyerupai Allah sebanyak yang kita bisa, seperti yang dikatakan-Nya kepada kita dalam 3 Yohanes 1:2' *"Saudaraku yang kekasih, aku berdoa, semoga engkau baik-baik dan sehat-sehat saja dalam segala sesuatu, sama seperti jiwamu baik-baik saja,"* kita pasti akan menerima tidak hanya berkat kemakmuran dalam segala hal, tetapi juga autoritas, kemampuan, dan kuasa Allah yang merupakan terang.

Setelah Paulus bertemu Tuhan dan berjalan dalam terang, Allah memampukan ia untuk memanifestasikan kuasa yang luar biasa sebagai rasul bagi bangsa-bangsa bukan Yahudi. Walaupun Stefnus atau Filipus bukanlah rasul atau salah satu murid Yesus, Allah tetap bekerja dengan hebat melalui mereka. Dalam Kisah Para Rasul 6:8, kita menemukan bahwa, *"Dan Stefanus, yang penuh dengan karunia dan kuasa, mengadakan mujizat-mujizat dan tanda-tanda di antara orang banyak."* Di dalam Kisah Para Rasul 8:6-7, kita juga menemukan bahwa *"Ketika orang banyak itu mendengar pemberitaan Filipus dan melihat tanda-tanda yang diadakannya, mereka semua dengan bulat hati menerima apa yang diberitakannya itu. Sebab dari banyak orang yang kerasukan roh jahat keluarlah roh-roh itu sambil berseru dengan suara keras, dan banyak juga orang lumpuh dan orang timpang yang disembuhkan."*

Seseorang dapat memanifestasikan kuasa Allah hingga ke tahap ia menjadi dikuduskan dengan berjalan dalam terang dan menyerupai Allah. Hanya ada sedikit orang yang telah memanifestasikan kuasa Allah. Namun, bahkan di antara mereka yang dapat memanifestasikan kuasa-Nya, derajat kuasa yang dimanifestasikan itu berbeda-beda dari seorang dengan yang lain, tergantung kepada seberapa banyak mereka menyerupai Allah yang merupakan terang.

Apakah Saya Hidup di Dalam Terang?

Untuk dapat menerima berkat yang luar biasa yang diberikan bagi mereka yang berjalan dalam terang, setiap kita pertama-tama harus menanyakan dan menyelidiki diri kita sendiri, "Apakah saya hidup di dalam terang?"

Bahkan jika Anda tidak mempunyai masalah yang khusus, Anda tetap harus menyelidiki diri Anda untuk melihat apakah Anda menjalani kehidupan yang suam-suam di dalam Kristus, atau apakah Anda belum pernah mendengar dan dipimpin oleh Roh Kudus. Jika demikian, Anda harus bangun dari tidur rohani Anda.

Jika Anda telah membuang sejumlah kejahatan, Anda jangan berpuas diri; sama seperti seorang anak bertumbuh menjadi orang dewasa, Anda juga harus mencapai iman para bapa iman. Anda harus memiliki hubungan erat yang mendalam dengan Allah sama seperti persekutuan yang intim bersama-Nya.

Jika anda sedang berlari menuju pengudusan, Anda harus mendeteksi sisa-sisa kejahatan bahkan sampai ke bagian yang terkecil dan mencabut akar-akarnya. Semakin besar autoritas yang Anda miliki dan semakin tinggi jabatan Anda, Anda harus selalu terlebih dulu melayani dan mencari keuntungan orang lain. Saat orang lain, termasuk mereka yang lebih rendah daripada Anda, menunjukkan kesalahan-kesalahan Anda, Anda harus dapat menerimanya. Bukannya merasa marah atau tidak nyaman dan mengasingkan mereka yang tersesat dari jalan kebenaran dan melakukan kejahatan, Anda justru harus dapat mentolerir dan menggerakkan mereka dengan kuat dalam kasih dan kebaikan. Anda tidak boleh mengabaikan atau menghina orang lain. Anda juga tidak boleh merendahkan orang lain dalam kebenaran Anda sendiri atau merusak kedamaian.

Saya telah menunjukkan dan memberikan lebih banyak kasih kepada orang-orang yang lebih muda, lebih miskin, dan lebih lemah. Seperti orangtua yang lebih memperhatikan anak-anak mereka yang lemah dan sakit daripada anak-anak yang sehat, saya berdoa lebih keras bagi orang-orang dalam keadaan demikian, tidak sekali pun merendahkan mereka, dan mencoba untuk melayani mereka dari lubuk hati saya. Mereka yang berjalan di dalam terang harus memiliki belas kasihan bahkan bagi orang-orang yang telah melakukan kesalahan besar, dan dapat mengampuni mereka serta menutupi kesalahan mereka dan bukannya mempertunjukkan kesalahan mereka itu.

Bahkan dalam melakukan pekerjaan Allah, Anda tidak boleh menunjukkan atau memamerkan jasa maupun pencapaian Anda sendiri, melainkan mengakui usaha orang-orang lain yang bekerja-sama dengan Anda. Saat usaha mereka diakui dan dihargai, Anda harus lebih bahagia dan lebih bersukacita.

Bisakah Anda bayangkan seberapa besar Allah akan mengasihi anak-anak-Nya yang memiliki hati menyerupai hati Tuhan kita? Seperti Ia berjalan dengan Henokh selama tiga ratus tahun, Allah akan berjalan dengan anak-anak-Nya yang menyerupai Diri-Nya. Juga, Ia akan memberikan kepada mereka bukan hanya berkat kesehatan dan segala sesuatu akan berjalan baik dalam berbagai urusan, tetapi juga kuasa-Nya yang membuat Ia akan memakai mereka sebagai alat yang berharga.

Karenanya, bahkan jika Anda berpikir bahwa Anda memiliki iman dan mengasihi Allah, semoga Anda menyelidiki kembali seberapa besar iman dan kasih Anda yang sesungguhnya akan diakui oleh Allah, dan berjalan dalam terang supaya hidup Anda dapat melimpah dengan bukti-bukti kasih-Nya dan persekutuan dengan-Nya, dalam nama Tuhan kita Yesus Kristus saya berdoa!

Pesan 5

Kuasa Terang

1 Yohanes 1:5

Dan inilah berita,
yang telah kami dengar dari Dia,
dan yang kami sampaikan kepada kamu:
Allah adalah terang
dan di dalam Dia sama sekali tidak ada kegelapan.

Di dalam Alkitab, ada banyak contoh di mana begitu banyak orang menerima keselamatan, penyembuhan, dan jawaban melalui pekerjaan luar biasa dari kuasa Allah yang dimanifestasikan oleh Putra-Nya Yesus. Saat Yesus memerintahkan, segala jenis penyakit segera disembuhkan dan kelemahan menjadi dikuatkan dan dipulihkan.

Orang yang buta dapat melihat, yang bisu dapat berbicara dan yang tuli mulai mendengar. Seorang laki-laki dengan tangan yang layu disembuhkan, orang lumpuh dapat berjalan kembali, dan yang cacat disembuhkan. Juga, roh-roh jahat diusir keluar serta orang mati dibangkitkan.

Semua pekerjaan luar biasa dari kuasa Allah ini dimanifestasikan bukan hanya oleh Yesus, tetapi juga oleh banyak nabi dari zaman Perjanjian Lama dan rasul-rasul di Perjanjian Baru. Tentu saja, kuasa Allah yang dimanifestasikan oleh Yesus tidak dapat disamakan dengan para nabi dan rasul. Walaupun demikian, bagi orang-orang yang menyerupai Yesus dan Allah Sendiri, Ia memberikan kepada mereka kuasa dan memakai mereka sebagai alat-Nya. Allah yang merupakan terang memanifestasikan kuasa-Nya melalui para diaken seperti Stefanus dan Filipus karena mereka telah mencapai pengudusan dengan berjalan dalam terang dan menyerupai Allah.

Rasul Paulus Memanifestasikan Kuasa yang Hebat Bahkan Sampai Dianggap "Dewa"

Di antara semua tokoh dari Perjanjian Baru, manifestasi kuasa Allah yang dilakukan oleh Rasul Paulus berada di peringkat kedua setelah Yesus. Ia mengabarkan injil kepada bangsa-bangsa bukan Yahudi, yang tidak mengenal Allah, pesan-pesan penuh kuasa yang disertai dengan tanda-tanda dan mukjizat. Dengan kuasa seperti ini, Paulus dapat bersaksi tentang Allah yang sejati dan Yesus Kristus.

Dari fakta bahwa penyembahan berhala dan mantra-mantra sedang marak pada zaman itu, pastilah ada sebagian orang di antara bangsa-bangsa asing itu yang memperdayakan orang lain. Menyebarkan injil kepada orang-orang seperti itu memerlukan manifestasi kuasa Allah yang jauh melebihi mantra palsu dan pekerjaan roh-roh jahat (Roma 15:18-19).

Dari Kisah Para Rasul 14:8 dan seterusnya ada adegan di mana Rasul Paulus mengkhotbahkan injil di sebuah daerah yang disebut Listra. Saat Paul memerintahkan seorang laki-laki yang telah lumpuh seumur hidupnya, "Berdirilah!" maka orang itu segera berdiri dan mulai berjalan (Kisah Para Rasul 14:10). Ketika orang-orang melihat hal ini, mereka mengaku, *"Dewa-dewa telah turun ke tengah-tengah kita dalam rupa manusia"* (Kisah Para Rasul 14:11). Di dalam Kisah Para Rasul 28 ada kejadian di mana Rasul Paulus tiba di Pulau Malta setelah karam kapal. Ketika ia mengumpulkan setumpuk kayu bakar dan membakarnya, seekor ular, karena terdorong oleh panas, melilitkan dirinya ke tangan Paulus. Setelah melihat hal ini, para penduduk pulau mengira Paulus akan terluka bengkak atau jatuh mati seketika, tetapi ketika tidak terjadi apa pun terhadap Paulus, mereka mengatakan bahwa ia adalah seorang dewa (ayat 6).

Karena Rasul Paulus memiliki hati yang layak dalam pandangan Allah, ia dapat memanifestasikan kuasa-Nya sehingga ia bahkan sampai disebut "dewa" oleh orang-orang.

Kuasa Allah yang Merupakan Terang

Kuasa itu diberikan bukan karena seseorang menginginkannya, tetapi diberikan hanya kepada mereka yang menyerupai Allah dan telah mencapai pengudusan. Bahkan sampai hari ini, Allah mencari orang-orang yang dapat Ia berikan kuasa-Nya untuk digunakan sebagai alat kemuliaan-Nya. Karena itulah mengapa Markus 16:20 mengingatkan kita, *"Dan mereka pun pergilah memberitakan injil ke segala penjuru, dan Tuhan turut bekerja dan meneguhkan firman itu dengan tanda-tanda yang menyertainya."* Yesus juga mengatakan kepada kita dalam Yohanes 4:48 bahwa, *"Jika kamu tidak melihat tanda dan mukjizat, kamu tidak percaya."*

Membawa banyak orang pada panggilan keselamatan karena kuasa dari surga yang dapat memanifestasikan tanda-tanda dan mukjizat, yang pada akhirnya menyaksikan tentang Allah Yang Hidup. Di zaman di mana dosa dan kejahatan sangat merajalela, tanda-tanda dan mukjizat semakin diperlukan.

Ketika kita berjalan di dalam terang dan menajdi satu dalam roh dengan Allah Bapa, kita dapat memanifestasikan derajat kuasa yang Yesus manifestasikan. Ini karena Tuhan kita telah berjanji, *"Aku berkata kepadamu: sesungguhnya barangsiapa percaya kepada-Ku, ia akan melakukan juga pekerjaan-pekerjaan yang Aku lakukan, bahkan pekerjaan-pekerjaan yang lebih besar dari pada itu; sebab Aku pergi kepada Bapa"* (Yohanes 14:12).

Jika ada orang yang memanifestasikan jenis kuasa dari alam rohani yang hanya mungkin dilakukan oleh Allah, maka ia harus diangap sebagai berasal dari Allah. Seperti Mazmur 62:11 mengingatkan kepada kita, *"Satu kali Allah berfirman; Dua kali aku telah mendengar ini: Bahwa kuasa berasal dari Allah,"* si musuh iblis dan Setan tidak dapat memanifestasikan jenis kuasa yang berasal dari Allah. Tentu saja, sebagai makhluk roh mereka memiliki kuasa yang lebih besar untuk menipu orang-orang dan mendorong mereka untuk menentang Allah. Namun, ada satu faktor yang tetap pasti: Tidak ada makhluk lain yang dapat meniru kuasa Allah, yang dengannya Allah mengendalikan kehidupan, kematian, berkat, kutuk, dan sejarah umat manusia, serta menciptakan sesuatu dari ketiadaan. Kuasa ini adalah milik alam Allah yang merupakan terang, dan dapat dimanifestasikan hanya oleh oran-orang yang telah mencapai pengudusan dan memperoleh ukuran iman Yesus Kristus.

Perbedaan Antara Autoritas, Kemampuan, dan Kuasa Allah

Dalam menunjuk atau merujuk pada kemampuan Allah, banyak orang menyamakan autoritas dengan kemampuan, atau kemampuan dengan kuasa, namun ada perbedaan yang besar antara ketiganya.

"Kemampuan" adalah kuasa iman yang membuat sesuatu yang mustahil bagi manusia adalah mungkin bagi Allah. "Autoritas" adalah kuasa yang khimad, luhur dan mulia yang telah Allah tetapkan, dan di dalam alam rohani keadaan tidak berdosa adalah kuasa. Dengan kata lain, autoritas adalah pengudusan itu sendiri, dan anak-anak Allah yang sudah dikuduskan dan telah sepenuhnya membuang kejahatan dan ketidakbenaran dari dalam hati mereka dapat menerima autoritas rohani.

Jadi, apakah "kuasa"? Itu merujuk pada kemampuan dan autoritas Allah yang ia berikan kepada orang-orang yang telah menjauhi segala jenis kejahatan dan dikuduskan.

Mari simak contoh ini. Jika seorang pengemudi memiliki "kemampuan" untuk mengendarai sebuah kendaraan, maka petugas lalu lintas yang mengarahkan lalu lintas memiliki "autoritas" untuk menghentikan kendaraan mana saja. Autoritas ini – untuk menghentikan dan mengizinkan kendaraan mana saja kembali ke jalan – telah diberikan kepada petugas itu oleh pemerintah. Karenanya, walaupun pengemudi itu memiliki "kemampuan" untuk mengendarai sebuah kendaraan, karena ia tidak memiliki "autoritas" dari seorang petugas lalu lintas, maka ketika sang petugas menyuruhnya berhenti atau maju, maka ia harus tunduk.

Dengan begini, autoritas dan kemampuan berbeda satu sama lain, dan ketika autoritas dan kemampuan disatukan, kita menyebutnya sebagai kuasa. Di dalam Matius 10:1 kita menemukan bahwa, *"Yesus memanggil kedua belas murid-Nya dan memberi kuasa kepada mereka untuk mengusir roh-roh jahat dan untuk melenyapkan segala penyakit dan segala kelemahan."* Kuasa membawa baik "kuasa" untuk mengusir keluar roh-roh jahat dan "kemampuan" untuk menyembuhkan semua penyakit dan kelemahan.

Perbedaan Antara Anugerah Penyembuhan dan Kuasa

Orang-orang yang tidak akrab dengan kuasa Allah yang

merupakan terang sering kali menyamakannya dengan karunia penyembuhan. Anugerah penyembuhan di dalam 1 Korintus 12:9 merujuk pada pekerjaan membakar penyakit-penyakit yang berasal dari infeksi virus. Karunia penyembuhan tidak dapat memulihkan tuli dan bisu yang merupakan akibat dari penurunan fungsi organ tubuh atau matinya sel-sel syaraf. Kasus-kasus penyakit dan kelemahan seperti itu hanya dapat disembuhkan oleh kuasa Allah dan oleh doa dengan iman yang berkenan bagi Allah. Juga, sementara kuasa Allah terang dimanifestasikan sepanjang waktu, karunia penyembuhan tidak selalu bekerja.

Di satu sisi, Allah memberikan anugerah penyembuhan kepada orang-orang, terlepas dari tingkat pengudusan hatinya, yang sangat mengasihi dan berdoa bagi orang lain dan rohnya, dan yang dianggap Allah sebagai alat yang berani dan berguna. Namun, jika karunia penyembuhan digunakan bukan untuk kemuliaan Allah melainkan digunakan dalam cara yang tidak layak dan bagi keuntungan pribadu, maka Allah pasti akan mengambilnya kembali.

Di sisi lain, kuasa Allah hanya diberikan kepada orang-orang yang telah mencapai pengudusan hati; sekali diberikan tidak akan melemah atau layu karena sang penerima kuasa tidak akan pernah menggunakannya untuk kepentingannya sendiri. Sebaliknya, semakin banyak seseorang menyerupai hati Allah, maka semakin tinggi kuasa Allah yang akan dilimpahkan atasnya. Jika hati dan sikap seseorang menjadi satu dengan Tuhan, ia dapat memanifestasikan pekerjaan yang bahkan sama persis dengan kuasa Allah yang dimanifestasikan oleh Yesus Sendiri.

Ada beberapa perbedaan dalam cara di mana kuasa Allah dimanifestasikan. Karunia penyembuhan tidak dapat menyembuhkan penyakit parah atau langka dan lebih sulit bagi orang yang memiliki iman kecil untuk disembuhkan oleh karunia penyembuhan. Namun, oleh kuasa Allah yang adalah terang, tidak ada yang mustahil. Ketika pasien menunjukkan bahkan sedikit saja bukti imannya, penyembuhan oleh kuasa Allah akan segera terjadi. Di sini, "iman" merujuk pada iman rohani yang membuat seseorang percaya dalam lubuk hatinya.

Empat Tingkatan Kuasa Allah yang Adalah Terang

Melalui Yesus Kristus yang tetap sama kemarin dan hari ini, siapa pun yang dianggap sebagai alat yang sesuai dalam pandangan Allah akan memanifestasikan kuasa-Nya.

Ada banyak tingkatan berbeda dalam pemanifestasian kuasa Allah. Semakin banyak anda mencapai roh, semakin tinggi tingkatan kuasa yang Anda masuki dan terima. Orang-orang yang mata rohaninya terbuka dapat melihat empat tingkatan cahaya dari terang menurut masing-masing tingkatan kuasa

"Saya menangis siang dan malam.
Saya bahkan merasa semakin sakit
ketika orang-orang melihat saya
sebagai "Anak dengan AIDS."

Tuhan menyembuhkan saya
dengan kuasa-Nya
dan memberikan tawa pada keluarga saya.
Saya sangat bahagia saat ini!"

Esteban Juninka dari Honduras, disembuhkan dari AIDS

Allah. Manusia sebagai makhluk dapat memanifestasikan sampai keempat tingkatan dari kuasa Allah.

Tingkatan kuasa yang pertama adalah pemanifestasian kuasa Allah dengan cahaya merah, yang menghancurkan dengan api dari Roh Kudus.

Api dari Roh Kudus menyembur dari kuasa tingkat pertama yang dimanifestasikan oleh cahaya merah yang membakar dan menyembuhkan penyakit termasuk yang disebabkan oleh infeksi kuman dan virus. Penyakit-penyakit seperti kanker, penyakit paru-paru, diabetes, leukemia, penyakit ginjal. Artritis, masalah jantung, dan AIDS dapat disembuhkan. Namun, hal ini bukan berarti bahwa semua penyakit tersebut dapat disembuhkan dengan kuasa tingkat pertama. Orang-orang yang sudah melangkah melampaui batasan kehidupan yang ditetapkan Allah, seperti dalam kasus kanker atau penyakit paru-paru stadium akhir, maka kuasa tingkat pertama tidak akan mencukupi.

Pemulihan anggota tubuh yang telah rusak atau tidak dapat berfungsi dengan baik memerlukan kuasa yang lebih besar yang tidak hanya akan menyembuhkan tetapi juga membangun organ-organ tubuh yang baru. Bahkan di dalam kasus demikian, derajat iman yang ditunjukkan si pasien dan juga derajat iman yang ditunjukkan oleh keluarganya dalam kasih mereka

"Saya melihat cahaya...
saya akhirnya keluar dari
terowongan empat-belas-tahun...
saya telah menyerah
pada diri saya sendiri,
tetapi saya telah dilahirkan kembali
oleh kuasa Tuhan!"

Shama Masaz dari Pakistan, dilepaskan dari empat belas tahun kerasukan roh jahat.

kepadanya akan menentukan pada tingkat apa Allah akan memanifestasikan kuasa-Nya.

Sejak pendirian Gereja Pusat Manmin, tidak terhitung sudah manifestasi kuasa tingkat pertama di sini. Saat orang-orang taat pada firman Allah dan menerima doa, maka penyakit-penyakit dalam segala keadaan dan tingkat keparahan dibasuh. Ketika orang-orang menyalami tangan saya atau menyentuh ujung pakaian saya, menerima doa lewat saputangan yang saya doakan, dan doa yang direkam dalam pesan telepon otomatis, atau ketika saya berdoa pada foto pasien, kami telah menyaksikan penyembuhan dari Allah berulang kali.

Pekerjaan pada kuasa tingkat pertama tidak terbatas pada menghancurkan saja dengan kuasa Roh Kudus. Walaupun untuk sesaat, ketika seseorang berdoa dalam iman dan menjadi terinspirasi, dipengaruhi, dan dipenuhi oleh Roh Kudus, siapa pun dapat memanifestasikan pekerjaan dengan kuasa Allah yang bahkan lebih besar lagi. Namun, ini adalah peristiwa yang sementara dan bukan merupakan bukti adanya kuasa Allah yang diberikan secara permanen, terjadinya hanya jika sesuai dengan kehendak-Nya.

Kuasa tingkat kedua adalah pemanifestasian kuasa Allah oleh cahaya biru.

Maleakhi 4:2 mengatakan kepada kita, *"Tetapi kamu yang*

takut akan nama-Ku, bagimu akan terbit surya kebenaran dengan kesembuhan pada sayapnya; kamu akan keluar dan berjingkrak-jingkrak seperti anak lembu lepas kandang." Orang-orang yang mata rohaninya terbuka dapat melihat sinar seperti laser yang keluar dari pendar penyembuhan.

Kuasa tingkat yang kedua mengusir kegelapan dan membebaskan orang-orang yang dirasuki setan, dikendalikan oleh Setan, dan dikuasai oleh berbagai jenis roh jahat. Banyak penyakit mental yang dibawa oleh kuasa kegelapan, termasuk autisme, kegilaan, dan lainnya disembuhkan oleh kuasa tingkat-kedua.

Penyakit-penyakit semacam ini dapat dicegah jika kita "Bersukacita senantiasa" dan "Mengucap syukur dalam segala keadaan". Bukannya selalu bersukacita dan mengucap syukur dalam segala keadaan, jika Anda membenci orang lain, menanam pikiran buruk, berpikiran negatif, dan gampang marah, maka Anda akan menajdi lebih rentan terhadap penyaki-penyakit seperti itu. Ketika para pasukan Iblis, yang membuat orang memiliki pikiran dan hati yang jahat, diusir keluar, maka semua penyakit mental itu akan disembuhkan secara alami.

Dari waktu ke waktu, penyakit dan kelemahan fisik disembuhkan oleh kuasa Allah tingkat keempat. Penyakit dan kelemahan demikian yang dibuat oleh pekerjaan setan dan iblis disembuhkan oleh terang dari kuasa Allah tingkat kedua. Di sini, "kelemahan" merujuk pada penurunan dan kelumpuhan bagian tubuh, seperti yang terjadi pada orang bisu, tuli, cacat, buta, lumpuh dari lahir, dan semacamnya.

Dari Markus 9:14 dan seterusnya ada kejadian di mana Yesus mengusir "roh bisu dan tuli" keluar dari seorang anak laki-laki (ayat 25). Anak ini telah menjadi bisu dan tuli karena roh jahat yang ada di dalam dirinya. Ketika Yesus mengusir roh itu, ia segera disembuhkan.

Dengan tanda yang sama, jika penyebab dari suatu penyakit adalah kuasa kegelapan, termasuk setan, maka roh-roh jahat harus diusir keluar agar si pasien dapat disembuhkan. Jika seseorang menderita dari masalah dalam sistem pencernaannya sebagai akibat dari kelelahan mentak, maka penyebabnya harus dicabut sampai ke akarnya dengan mengusir kuasa Setan. Dalam penyakit yang demikian seperti kelumpuhan dan artritis, pekerjaan dari kuasa dan sisa-sisa kegelapan juga dapat ditemukan. Kadang-kadang, walaupun diagnosa medis tidak dapat mendeteksi ada yang salah secara jasmani, orang dapat menderita dari rasa sakit di berbagai bagian tubuh mereka. Ketika saya berdoa bagi siapa saja yang menderita seperti ini, orang lain yang mata rohannya terbuka sering melihat kuasa kegelapan dalam bentuk-bentuk hewan yang sangat buruk meninggalkan tubuh pasien.

Sebagai tambahan pada kuasa kegelapan yang ditemukan dalam berbagai penyakit dan kelemahan, kuasa Allah tingkat kedua, juga dapat mengusir kuasa kegelapan yang ditemukan di

"Oh, Allah!
Bagaimana mungkin hal ini terjadi?
Bagaimana mungkin saya bisa berjalan?"

...eorang perempuan tua dari Kenya yang bisa berjalan
...anya setelah didoakan dari mimbar

rumah, usaha, dan pekerjaan. Saat seseorang yang dapat memanifestasikan kuasa Allah tingkat kedua mengunjungi orang yang menderita akibat penganiayaan di rumah dan masalah di tempat kerja dan usah, ketika kegelapan diusir keluar dan terang turun atas orang-orang, maka berkat-berkat akan turun atas mereka sesuai dengan perbuatannya.

Membangkitkan orang mati atau menghilangkan nyawa seseorang menurut kehendak Allah adalah pekerjaan kuasa Allah tingkat kedua juga. Contoh berikut masuk ke dalam kategori ini: Rasul Paulus membangkitkan Eutikus (Kisah Para Rasul 20:9-12); dan penipuan yang dilakukan oleh Ananias dan Safira terhadap Rasul Petrus yang kutukannya mengakibatkan kematian mereka (Kisah Para Rasul 5:1-11); dan kutukan Elisa kepada anak-anak yang juga berakibat pada kematian mereka (2 Raja-Raja 2:23-24).

Namun, ada juga perbedaan mendasar dalam pekerjaan Yesus dan Rasul Paulus dan Petrus serta Nabi Elisa. Yang paling utama, Allah sebagai Tuhan dari segala roh harus memperbolehkan apakah seseorang akan hidup atau nyawanya diambil. Namun, karena Yesus dan Allah adalah satu dan sama, apa yang dikehendaki Yesus adalah apa yang dikehendaki Allah. Inilah sebabnya Yesus dapat menghidupkan kembali orang mati hanya dengan memerintahkan mereka dengan firman-Nya (Yohanes 11:43-44), sementara para nabi dan rasul yang lain harus menanyakan kehendak Allah dan persetujuan-Nya untuk

"Meskipun saya tidak ingin melihat tubuh saya
yang telah terbakar seluruhnya.....
Ketika saya sendiri,
Dia datang kepada saya
merentangkan tangan-Nya
dan meletakkan saya di samping-Nya....
Dengan kasih dan dedikasi-Nya
saya telah menerima sebuah hidup yang baru
Apakah ada yang
saya tidak dapat lakukan untuk Tuhan?"

Diaken Senior Eundeuk Kim,
disembuhkan dari luka bakar tingkat tiga
dari ujung kepala sampai ujung jari kaki

membangkitkan orang.

Kuasa tingkat ketiga adalah pemanifetasian kuasa Allah oleh sinar putih atau transparan, dan disertai dengan segala bentuk tanda-tanda dan karya penciptaan.

Pada kuasa Allah sang terang di tingkat yang ketiga, segala jenis tanda-tanda dan juga karya penciptaan dimanifestasikan. Di sini, "tanda-tanda" merujuk pada penyembuhan di mana orang buta jadi bisa melihat, orang bisu berbicara, dan orang tuli mendengar. Orang lumpuh bisa bangun dan berjalan, kaki yang pendek dipanjang, dan kelumpuhan sejak bayi (polio) maupun cerebral palsy disembuhkan sepenuhnya. Organ tubuh yang cacat atau rusak total sejak lahir jadi dipulihkan. Tulang-tulang yang remuk dikembalikan seperti semula, tulang-tulang yang hilang diciptakan, lidah yang pendek menjadi tumbuh, dan otot-otot disambungkan kembali. Dan karena sinar dari kuasa Allah tingkat pertama, kedua dan ketiga dimanifestasikan secara simultan juga, maka tidak ada penyakit dan kelemahan yang akan menjadi masalah.

Bahkan jika seseorang terbakar dari ujung kepala hingga ke ujung kaki dan sel-sel serta ototnya terbakar, atau bahkan dagingnya melepuh oleh air mendidih, Allah dapat menciptakan segalanya seperti baru. Karena Allah dapat menciptakan sesuatu dari ketiadaan, maka Ia dapat memperbaiki tidak hanya benda mati seperti mesin, tetapi juga organ tubuh manusia yang rusak.

Di Gereja Pusat Manmin, melalui doa saputangan atau doa yang direkam sebagai pesan telepon automatis, maka organ-organ dalam yang belum berfungsi sempurna ataupun rusak parah akan dipulihkan. Saat paru-paru yang rusak parah disembuhkan sementara ginjal dan liver yang memerlukan transplantasi menjadi normal, pada kuasa Allah tingkat ketiga, maka pekerjaan dari kuasa penciptaan tidak henti-hentinya dimanifestasikan.

Ada satu faktor yang dapat dibedakan dengan jelas. Di satu sisi, jika fungsi dari organ tubuh yang lemah itu dipulihkan, maka itu adalah pekerjaan dari kuasa Allah tingkat pertama. Di sisi lain, jika fungsi dari sebuah organ tubuh yang tidak memiliki peluang untuk dipulihkan menjadi dibangkitkan atau dijadikan baru, maka itu adalah pekerjaan dari kuasa Allah di tingkat ketiga, kuasa penciptaan.

Kuasa tingkat keempat adalah pemanifestasian kuasa Allah dengan cahaya emas, dan merupakan buah dari kuasa.

Seperti yang dapat kita ketahui dari pekerjaan kuasa yang dimanistasikan oleh Yesus, kuasa tingkat keempat memerintah atas segala hal, menguasai cuaca, dan bahkan memerintahkan benda mati untuk taat. Di dalam Matius 21:19, ketika Yesus mengutuk sebuah pohon ara, kita menemukan bahwa, *"Seketika itu juga pohon ara tersebut menjadi kering."* Dari Matius 8:23 dan seterusnya ada kejadian di mana Yesus menghardik angin dan ombak, dan semuanya seketika menjadi sangat teduh. Bahkan alam dan benda-benda mati seperti angin dan laut menjadi taat saat Yesus memerintahkan mereka.

Yesus pernah suatu kali menyuruh Petrus untuk mendayung ke air dalam, dan menebarkan jalanya untuk menangkap ikan, dan ketika Petrus taat, ia menangkap ikan sangat banyak hingga jalanya mulai robek (Lukas 5:4-6). Di lain waktu, Yesus menyuruh Petrus untuk, *"Pergilah memancing ke danau. Dan ikan pertama yang kaupancing, tangkaplah dan bukalah mulutnya, maka engkau akan menemukan mata uang empat dirham di dalamnya. Ambillah itu dan bayarkanlah kepada mereka, bagi-Ku dan bagimu juga"* (Matius 17:24-27).

Sama seperti Allah menciptakan segala hal di alam semesta ini dengan Firman-Nya, ketika Yesus memerintahkannya, maka alam semesta menaati-Nya dan terjadilah. Dengan tanda yang sama, jika kita sudah memiliki iman sejati, kita akan yakin akan apa yang kita harapkan dan percaya pada apa yang tidak kita lihat (Ibrani 11:1), dan pekerjaan dari kuasa yang menciptakan semua hal dari ketiadaan akan termanifestasikan.

Juga, pada kuasa Allah tingkat keempat, pekerjaan itu

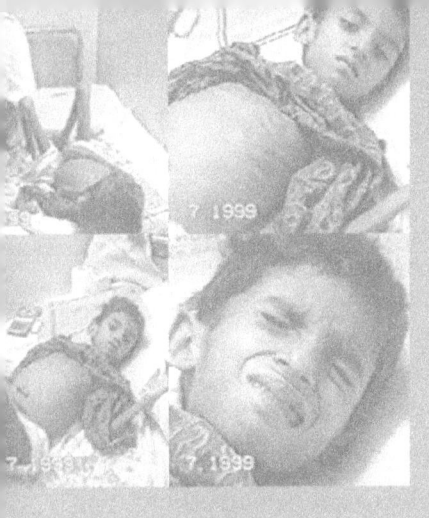

*"Ini sangat menyakitkan...
Ini sangat menyakitkan
bahwa saya tidak dapat
membuka mata saya...
Tidak ada seorang pun tahu apa
yang saya rasakan,
tetapi Tuhan tahu semuanya
dan menyembuhkan saya."*

Cyntia dari Pakistan,
disembuhkan dari penyakit celiac dan ileus

dimanifestasikan melampaui ruang dan waktu.

Di antara berbagai manifestasi Yesus akan kuasa Allah, beberapa di antaranya melampaui ruang dan waktu. Dari Markus 7:24 ada adegan di mana seorang perempuan memohon kepada Yesus untuk menyembuhkan anak perempuannya yang kerasukan setan. Setelah melihat kerendahan hati dan iman perempuan itu, Yesus mengatakan kepadanya, *"Karena kata-katamu itu, pergilah sekarang sebab setan itu sudah keluar dari anakmu"* (ayat 29). Ketika perempuan itu pulang ke rumahnya, ia menemukan anaknya terbaring di tempat tidur dan roh jahat itu pergi.

Walaupun Yesus tidak mengunjungi orang yang sakit secara pribadi, namun ketika Ia melihat iman dari si orang sakit dan memerintahkannya, maka berlangsunglah penyembuhan yang melampaui ruang dan waktu.

Yesus berjalan di atas air, yang merupakan pekerjaan dari kuasa yang dimanifestasikan oleh Ia sendiri, juga menyaksikan bahwa segala sesuatu di dalam alam semesta ini tunduk pada autoritas Yesus.

Terlebih lagi, mengatakan kepada kita di dalam Yohanes 14:12, *"Aku berkata kepadamu: sesungguhnya barangsiapa percaya kepada-Ku, ia akan melakukan juga pekerjaan-pekerjaan yang Aku lakukan, bahkan pekerjaan-pekerjaan yang lebih besar dari pada itu; sebab Aku pergi kepada*

Bapa. " Seperti yang sudah dikatakan-Nya kepada kita, pekerjaan kuasa Allah yang sungguh-sungguh luar biasa dimanifestasikan di Gereja Pusat Manmin saat ini.

Misalnya, beragam mukjizat terjadi di mana cuaca berubah. Ketika saya berdoa, hujan yang tercurah berhenti dalam sekejap mata; awan yang sangat gelap menyusut; dan langit yang cerah tanpa titik seketika menjadi dipenuhi awan. Ada juga banyak sekali contoh di mana benda mati taat pada doa saya. Bahkan dalam kasus keracunan karbon monoksida yang mengancam nyawa, satu atau dua menit setelah saya perintahkan, orang yang pingsan menjadi pulih dan tidak menderita efek samping apa pun. Ketika saya berdoa untuk seseorang yang menderita luka bakar tingkat tiga, "Perasaan terbakar, pergilah," orang itu tidak lagi merasakan kesakitan.

Sebagai tambahan, pekerjaan dari kuasa Allah yang melampaui ruang dan waktu terjadi dengan lebih hebat dan berlimpah. Kasus Cynthia, anak perempuan dari Pdt. Wilson John Gil, gembala dari Gereja Manmin Pakistan adalah salah satu yang cukup besar. Ketika saya berdoa untuk Cynthia melalui fotonya di Seoul, Korea, seorang gadis yang telah membuat dokter-dokter putus harapan, segera pulih dari saat saya doakan pada jarak ribuan mil jauhnya.

Pada kuasa tingkat keempat, kuasa untuk menyembuhkan penyakit, mengusir kuasa kegelapan, menunjukkan tanda-tanda dan mukjizat, dan memerintahkan segala hal untuk taat –

gabungan dari pekerjaan kuasa pertama, kedua, ketiga dan keempat – dimanifestasikan.

Kuasa Tertinggi Penciptaan

Alkitab menuliskan manifestasi kuasa yang dilakukan Yesus yang berada di atas kuasa tingkat keempat. Tingkat kuasa ini, Kuasa Tertinggi, adalah milik Sang Pencipta. Kuasa ini dimanifestasikan tidak pada tingkat yang sama dengan manusia bisa memanifestasikan kuasa Allah. Malahan, kuasa tertinggi ini berasal dari terang mula-mula yang bersinar ketika Allah ada sendirian.

Dalam Yohanes 11, Yesus memerintahkan Lazarus, yang telah mati selama empat hari dan tubuhnya berbau sangat busuk. "Lazarus, keluarlah!" Orang yang telah mati itu datang ke luar, kaki dan tangannya masih terikat dengan kain kapan dan mukanya tertutup dengan kain peluh (ayat 43-44).

Setelah seseorang membuang segala jenis kejahatan, menjadi dikuduskan, menyerupai hati Allah Bapanya, dan berubah menjadi roh yang penuh, maka ia akan memasuki alam rohani. Semakin banyak ia mengumpulkan pengetahuan dari alam rohani, semakin tinggi pula manifestasinya dari kuasa Allah hingga mencapai di atas tingkat keempat.

Pada saat itu, ia mencapai tingkat kuasa, kuasa yang hanya

dapat dimanifestasikan oleh Sang Ilahi, yaitu Kuasa Tertinggi Penciptaan. Saat manusia mencapai hal ini, maka sama seperti ketika Allah menciptakan segala sesuatu di dalam alam semesta dengan perintah-Nya, maka ia juga akan memanifestasikan pekerjaan penciptaan yang ajaib.

Misalnya, ketika ia memerintahkan kepada seorang buta, "Bukalah matamu," maka mata orang buta itu akan segera terbuka. Ketika ia memerintahkan seorang bisu untuk berbicara, "Berbicaralah!" maka orang bisu itu akan bisa berbicara dalam sekejap. Saat ia memerintahkan orang lumpuh, "Berdirilah," maka orang lumpuh itu akan berjalan dan berjalan. Ketika ia memerintahkannya, maka beka – bekas luka dan organ tubuh yang sudah membusuk akan diperbarui.

Ini dilakukan oleh terang dan suara Allah, yang telah ada sebagai terang dan suara sejak sebelum permulaan waktu. Saat kuasa penciptaan yang tidak terbatas di dalam terang ini digerakkan oleh suara, maka cahaya turun dan pekerjaan itu dimanifestasikan. Inilah caranya bagi orang-orang, yang telah melangkah melampaui batasan kehidupan yang telah ditetapkan Allah, dan penyakit serta kelemahan yang tidak dapat disembuhkan oleh kuasa tingkat pertama, kedua, dan ketiga, akan disembuhkan.

Menerima Kuasa Allah yang Adalah Terang

Bagaimana kita dapat menyerupai hati Allah yang adalah terang, menerima kuasa-Nya, dan membawa banyak orang ke jalan keselamatan?

Pertama, kita tidak cukup hanya menghindari segala jenis kejahatan dan melakukan pengudusan, tetapi juga mencapai kebaikan hati dan merindukan kebaikan yang paling tinggi.

Jika Anda tidak menunjukkan tanda-tanda perasaan tidak suka atau tidak nyaman terhadap seseorang yang membuat hidup Anda sungguh sulit atau menyakiti Anda, dapatkan Anda dikatakan telah mencapai kebaikan hati? Namun, bukan itu seperti itu halnya. Bahkan walaupun tidak ada rasa tak suka di dalam hati atau pun rasa tidak nyaman

Pada kebaikan di tingkat yang lebih tinggi, seseorang akan berbicara dan berlaku yang dapat menyentuh hati orang-orang yang menyulitkan atau menyakitinya. Pada kebaikan tingkat yang tertinggi yang menyenangkan hati Allah, seseorang harus dapat mengorbankan nyawanya demi musuhnya.

Yesus dapat mengampuni orang-orang yang menyalibkan Dia, dan bagi mereka Ia memberikan nyawa-Nya dengan cuma-cuma karena ia memiliki kebaikan tingkat tertinggi. Baik Musa dan Rasul Paulus bersedia memberikan nyawa mereka bagi orang-orang yang mencoba membunuh mereka juga.

Ketika Allah hendak menghancurkan bangsa Israel, yang menentang-Nya dengan penyembahan berhala, bersungut-sungut, dan menyimpan dendam terhadap Allah bahkan walaupun mereka telah menyaksikan tanda-tanda dan mukjizat yang hebat. Ia dengan sungguh-sungguh memohon kepada Allah: *"Tetapi sekarang, kiranya Engkau mengampuni dosa mereka itu—dan jika tidak, hapuskanlah kiranya namaku dari dalam kitab yang telah Kautulis!"* (Keluaran 32:32). Rasul Paulus juga demikian. Seperti yang ia nyatakan di dalam Roma 9:3, *"Bahkan, aku mau terkutuk dan terpisah dari Kristus demi saudara-saudaraku, kaum sebangsaku secara jasmani,"* Paulus telah mencapai kebaikan tingkat tertinggi dan demikianlah pekerjaan dari kuasa Allah selalu besertanya.

Berikutnya, kita harus mencapai kasih rohani.

Saat ini kasih telah mulai semakin dingin. Walaupun banyak orang mengatakan kepada satu sama lainnya, "Aku mengasihimu," namun seiring dengan waktu, kita melihat bahwa kebanyakan dari "kasih" ini adalah kasih kedagingan yang dapat berubah. Tetapi kasih Allah adalah kasih rohani yang maha mulia hari lepas hari, dan diterangkan dengan mendetil dalam 1 Korintus 13.

Pertama, *"Kasih itu sabar [dan] kasih itu murah hati. Tidak cemburu"* (ayat 4). Tuhan kita telah mengampuni semua dosa dan kesalahan kita, dan membuka jalan keselamatan dengan begitu sabar menanti bahkan orang-orang yang tidak layak diampuni. Namun, walaupun kita menyatakan kasih kita bagi Tuhan, apakah kita cepat menunjuk dosa dan kesalahan dari saudara-saudari kita? Apakah kita cepat menghakimi dan menghukum orang lain ketika sesuatu atau seseorang tidak sesuai dengan dengan kita? Pernahkah kita merasa cemburu terhadap seseorang yang hidupnya berjalan baik, atau merasa kecewa?

Berikutnya, kasih *"tidak memegahkan diri [dan] tidak sombong"* (ayat 4). Bahkan jika kita terlihat memuliakan Tuhan di luar, jika kita memiliki hati yang ingin diakui oleh orang lain, menunjukkan pekerjaan kita, dan merendahkan atau mengajari orang lain karena posisi atau autoritas kita, maka hal itu dapat dianggap sebagai memegahkan diri dan menjadi sombong.

Terlebih lagi, kasih *"tidak melakukan yang tidak sopan dan tidak mencari keuntungan diri sendiri. Ia tidak pemarah dan tidak menyimpan kesalahan orang lain"* (ayat 5). Sikap kita yang kasar terhadap Allah dan orang-orang, hati kita yang berubah-ubah dan pikiran yang gampang berubah, upaya kita untuk menjadi lebih hebat dengan mengorbankan orang lain, perasaan sebal kita yang gampang tumbuh, kecenderungan kita untuk berpikir negatif dan jahat terhadap orang lain, dan semacamnya, bukanlah merupakan kasih.

Sebagai tambahan, kasih *"tidak bersukacita karena ketidakadilan, tetapi karena kebenaran"* (ayat 6). Jika kita memiliki kasih, maka kita harus selalu berjalan dan bersukacita dalam kebenaran. Seperti yang dikatakan oleh 3 Yohanes 1:4 kepada kita, *"Bagiku tidak ada sukacita yang lebih besar dari pada mendengar, bahwa anak-anakku hidup dalam kebenaran,"* kebenaran haruslah menjadi sumber kesenangangan dan kebahagiaan kita.

Terakhir, kasih *"Ia menutupi segala sesuatu, percaya segala sesuatu, mengharapkan segala sesuatu, sabar menanggung segala sesuatu"* (ayat 7). Mereka yang sungguh-sungguh mengasihi Allah menjadi tahu akan keinginan Allah, dan demikianlah mereka dapat mempercayai segala sesuatu. Saat orang-orang menantikan dan dengan sungguh-sungguh percaya akan kedatangan kembali Tuhan, pengangkatan orang percaya, upah surgawi, dan semacamnya, maka mereka akan mengharapkan hal-hal yang di atas, menanggungkan segala kesulitan, dan berjuang untuk melakukan kehendak-Nya.

Untuk dapat menunjukkan kasih-Nya bagi orang-orang yang menaati kebenaran seperti kebaikan, kasih, dan lain-lain yang tertulis di dalam Alkitab, Allah yang adalah terang memberikan mereka kuasa-Nya sebagai hadiah. Ia juga rindu untuk bertemu dan menjawab mereka semua yang berjuang untuk berjalan dalam terang.

Karenanya, dengan menemukan diri sendiri dan mengoyak hati Anda, semoga Anda yang merindukan untuk menerima berkat dan jawaban-jawaban dari Allah akan menjadi bejana yang tersedia di hadapan-Nya dan mengalami kuasa Allah, dalam nama Tuhan kita Yesus Kristus saya berdoa!

Mata Orang yang Buta Akan Dimelekkan

- Yesus Menyembuhkan Orang yang Buta Sejak Lahir
- Pekerjaan Memelekkan Mata Orang Buta di Gereja Manmin Pusat

Yohanes 9:32-33

Sejak permulaan waktu
tidak pernah terdengar
bahwa ada orang yang memelekkan
mata orang yang lahir buta.
Jikalau orang itu tidak datang dari Allah,
Ia tidak dapat berbuat apa-apa.

Di dalam Kisah Para Rasul 2:22, murid Yesus, Petrus, setelah ia menerima Roh Kudus, berbicara kepada orang Yahudi dengan mengutip kata-kata dari Nabi Yoel. *"Hai orang-orang Israel, dengarlah perkataan ini: Yang aku maksudkan, ialah Yesus dari Nazaret, seorang yang telah ditentukan Allah dan yang dinyatakan kepadamu dengan kekuatan-kekuatan dan mujizat-mujizat dan tanda-tanda yang dilakukan oleh Allah dengan perantaraan Dia di tengah-tengah kamu, seperti yang kamu tahu."* Pemanifestasian kuasa, tanda-tanda, dan mukjizat hebat yang dilakukan oleh Yesus adalah bukti-bukti yang menyaksikan bahwa Yesus yang disalibkan oleh orang Yahudi adalah sungguh-sungguh Mesias yang kedatangan-Nya telah dinubuatkan di dalam Perjanjian Lama.

Terlebih lagi, Petrus sendiri juga memanifestasikan kuasa Allah setelah menerima dan diperlengkapi oleh Roh Kudus. Ia menyembuhkan pengemis lumpuh (Kisah Para Rasul 3:8), dan orang-orang bahkan membawa orang sakit ke jalan-jalan dan membaringkan mereka di tempat tidur dan kasur supaya setidaknya bayangan Petrus dapat jatuh pada sebagian dari mereka saat ia lewat (Kisah Para Rasul 5:15).

Karena kuasa adalah alat yang menjadi saksi atas kehadiran Allah bersama orang yang memanifestasikan kuasa tersebut dan cara yang paling mudah untuk menanamkan benih iman dalam hati para orang yang tidak percaya, maka Allah telah memberikan kuasa kepada orang-orang yang dianggap-Nya layak.

Yesus Menyembuhkan Orang yang Buta Sejak Lahir

Kisah di Yohanes 9 dimulai saat Yesus menjumpai seorang yang buta sejak lahir di dalam perjalanan-Nya. Murid-murid Yesus ingin tahu kenapa orang buta itu tidak dapat melihat dari sejak lahir. *"Rabi, siapakah yang berbuat dosa, orang ini sendiri atau orang tuanya, sehingga ia dilahirkan buta?"* (ayat 2) Sebagai jawabannya, Yesus menerangkan kepada mereka bahwa orang itu terlahir buta sehingga pekerjaan Allah dapat diwujudkan dalam hidupnya (ayat 3). Lalu ia meludah ke tanah, dan membuat adukan tanah dengan ludahnya, menaruhnya di mata orang itu, dan memerintahkan orang yang buta sejak lahir itu, *"Pergi basuhlah dirimu di Kolam Siloam"* (ayat 6-7). Saat orang buta itu segera taat dan membasuh dirinya di Kolam Siloam, matanya pun dimelekkan.

Walaupun ada banyak orang lain yang Yesus sembuhkan di dalam Alkitab, satu perbedaan membuat orang yang lahir buta ini berbeda dari mereka semua. Ia tidak memohon kepada Yesus untuk menyembuhkannya; sebaliknya, Yesus datang kepadanya dan menyembuhkan orang itu sepenuhnya.

Lalu, mengapakah orang yang buta sejak lahir itu menerima karunia yang begitu besar?

Pertama, ia taat.

Bagi seorang manusia kebanyakan, tidak satu pun yang Yesus lakukan itu – meludah ke tanah, membuat adukan tanah dengan ludahnya itu, menaruhnya ke mata orang buta itu, dan menyuruhnya pergi membasuh diri ke Kolam Siloam – masuk akal. Akal sehat tidak mengizinkan orang sedemikian untuk percaya bahwa mata orang yang buta sejak lahir dapat dimelekkan setelah menaruh adukan tanah pada matanya dan membasuhnya di air. Terlebih lagi, jika orang ini mendengar perintah itu tanpa mengetahui siapa Yesus, ia dan kebanyakan orang bukan saja akan menjadi tidak percaya, tetapi juga jelas akan menjadi marah. Namun, tidak demikian halnya dengan orang buta itu. Seperti yang diperintahkan Yesus, ia taat dan membasuh matanya di Kolam Siloam. Secara luar biasa dan hebat, matanya yang telah tertutup sejak saat ia dilahirkan, kini terbuka untuk pertama kalinya dan ia mulai dapat melihat.

Jika Anda pikir bahwa firman Allah tidak sejalan dengan akal sehat atau pengalaman manusia, cobalah menaati firman-Nya dengan kerendahan hati seperti orang yang buta sejak lahir ini. Maka karunia Allah akan turun atas Anda dan, sama seperti mata orang buta itu dibukakan, Anda juga akan mendapatkan pengalaman-penglaman ajaib.

Kedua, mata rohani yang lembut dari orang buta itu, yang dapat membedakan kebenaran dari ketidakbenaran, dibukakan.

Dari pembicaraannya dengan orang-orang Yahudi setelah ia disembuhkan, kita dapat mengetahui bahwa sementara mata orang buta itu secara jasmani tertutup, namun dalam kebaikan hatinya ia dapat membedakan yang benar dari yang salah. Sebaliknya, orang-orang Yahudi yang buta secara rohani, tertutup dalam batasan-batasan kuat hukum Taurat. Ketika orang-orang yahudi menanyakan rincian penyembuhannya, orang yang dulu buta itu mengatakan dengan berani, *"Orang yang disebut Yesus itu mengaduk tanah, mengoleskannya pada mataku dan berkata kepadaku: Pergilah ke Siloam dan basuhlah dirimu. Lalu aku pergi dan setelah aku membasuh diriku, aku dapat melihat"* (ayat 11).

Dengan tidak percaya, ketika orang-orang Yahudi memeriksa ulang orang yang sebelumnya buta itu dengan, *"Dan engkau, apakah katamu tentang Dia, karena Ia telah memelekkan matamu?" Jawabnya: "Ia adalah seorang nabi"* (ayat 17). Orang itu berpikir bahwa jika Yesus cukup berkuasa untuk menyembuhkan kebutaan, maka Ia pastilah berasal dari Allah. Ironisnya, orang-orang Yahudi menghardik orang itu: *"Berilah kemuliaan bagi Allah. kami tahu bahwa orang itu orang berdosa"* (ayat 24).

Betapa tidak logisnya pandangan mereka itu! Allah tidak akan menjawab doa seorang pendosa. Ia juga tidak akan memberikan kuasa kepada seorang pendosa untuk memelekkan mata orang buta dan untuk menerima kemuliaan. Walaupun orang Yahudi tidak dapat mempercayai atau memahami hal ini, orang yang sebelumnya buta itu terus memberikan pengakuan yang berani dan jujur. *"Kita tahu, bahwa Allah tidak mendengarkan orang-orang berdosa, melainkan orang-orang yang saleh dan yang melakukan kehendak-Nya. Dari dahulu sampai sekarang tidak pernah terdengar, bahwa ada orang yang memelekkan mata orang yang lahir buta. Jikalau orang itu tidak datang dari Allah, Ia tidak dapat berbuat apa-apa"* (ayat 31-33).

Karena tidak pernah ada mata orang yang buta sejak lahir dibukakan, maka siapa pun yang mendengar berita tentang ini haruslah bersukacita dan merayakan dengannya. Sebaliknya, di antara orang-orang Yahudi berkembang hawa menghakimi, menghukum, dan menentang. Karena orang Yahudo terlalu bodoh secara rohani, mereka pikir pekerjaan Allah itu sendiri adalah tindakan yang menentang Dia. Namun, Alkitab mengatakan kepada kita bahwa hanya Allah yang dapat membukakan mata orang buta.

Mazmur 146:8 mengingatkan kita bahwa, *"TUHAN*

membuka mata orang-orang buta, TUHAN menegakkan orang yang tertunduk, TUHAN mengasihi orang-orang benar," sementara Yesaya 29:18 mengatakan kepada kita, *"Pada waktu itu orang-orang tuli akan mendengar perkataan-perkataan sebuah kitab, dan lepas dari kekelaman dan kegelapan mata orang-orang buta akan melihat."* Yesaya 35:5 juga memberitahu kita, *"Kemudian mata orang-orang buta akan dicelikkan dan telinga orang-orang tuli akan dibuka."* Di sini, "Pada waktu itu" dan "Kemudian" merujuk pada waktu ketika Yesus datang dan membukakan mata orang-orang buta.

Walaupun sudah ada ayat-ayat ini dan yang mengingatkan, namun di dalam keterbatasan dan kejahatan mereka yang keras, orang Yahudi tidak dapat mempercayai pekerjaan Allah yang dimanifestasikan melalui Yesus, dan malahan menuduh bahwa Yesus adalah pendosa yang tidak menaati firman Allah. Walaupun orang yang dulu buta itu tidak memiliki banyak pengetahuan tentang hukum Taurat, dengan hati nuraninya yang baik ia mengetahui kebenaran: bahwa Allah tidak mendengarkan pendosa. Orang itu juga mengetahui bahwa penyembuhan mata yang buta hanya mungkin dilakukan oleh Allah.

"Mama,
ini sangat menyilaukan...
untuk pertama kalinya,
saya melihat cahaya...
saya tidak pernah berpikir
hal ini akan terjadi pada saya..."

Jennifer Rodriguez dari Philipina,
yang telah buta sejak lahir,
dapat melihat untuk pertama kalinya dalam delapan tahun

Ketiga, setelah menerima anugerah Allah, orang yang dulu buta itu datang ke hadapan Tuhan dan memutuskan untuk menjalani hidup yang sungguh-sungguh baru.

Hingga hari ini, saya telah menyaksikan banyak contoh di mana orang-orang yang berada di ambang kematian menerima kekuatan dan jawaban untuk segala masalah hidup di Gereja Pusat Manmin. Namun saya berduka bagi orang-orang yang hatinya berubah bahkan setelah mereka menerima anugerah Allah dan orang lain yang membuang iman mereka dan kembali ke jalan-jalan dunia. Saat hidup mereka dalam kesakitan dan penderitaan, orang yang demikian akan datang berdoa dengan airmata, "Aku hanya akan hidup bagi Tuhan begitu aku disembuhkan." Ketika mereka telah menerima penyembuhan dan berkat, dalam mengejar keuntungannya sendiri orang-orang ini membuang karunia dan pergi menjauh dari kebenaran. Bahkan jika masalah jasmani mereka diselesaikan, tetap saja tidak berguna karena roh mereka telah pergi dari jalan keselamatan dan sedang menuju ke jalan neraka.

Orang yang terlahir buta ini memiliki hati yang baik dan tidak akan membuang kasih karunia. Karena itulah ketika ia bertemu Yesus, ia tidak hanya disembuhkan dari kebutaan tetapi juga diberi jaminan berkat keselamatan. Ketika Yesus bertanya kepadanya, "Apakah kau percaya kepada Anak Manusia?" ia menjawab, "Siapakah Dia, Tuhan, agar aku percaya kepada-Nya"

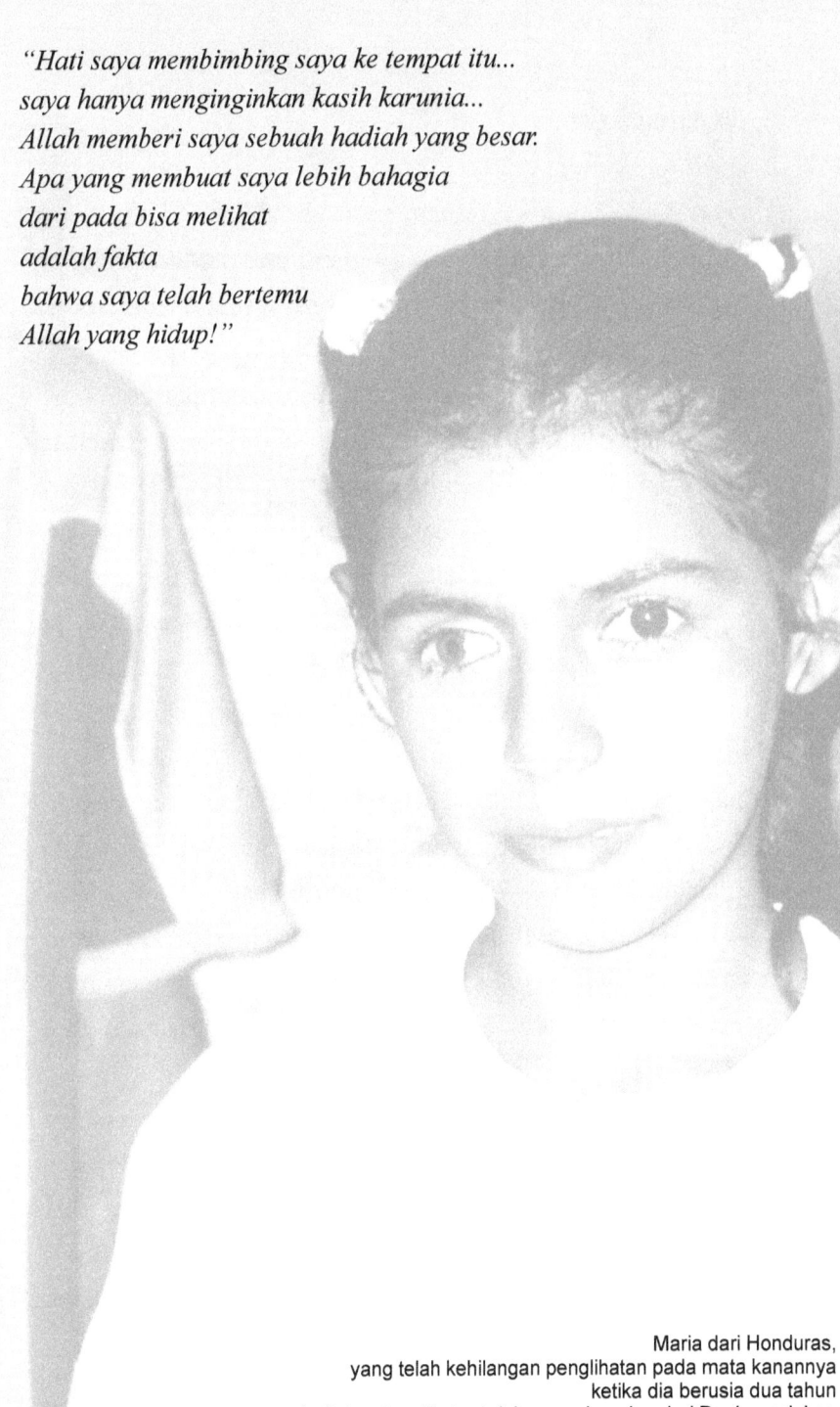

"Hati saya membimbing saya ke tempat itu...
saya hanya menginginkan kasih karunia...
Allah memberi saya sebuah hadiah yang besar.
Apa yang membuat saya lebih bahagia
dari pada bisa melihat
adalah fakta
bahwa saya telah bertemu
Allah yang hidup!"

Maria dari Honduras,
yang telah kehilangan penglihatan pada mata kanannya
ketika dia berusia dua tahun
menjadi dapat melihat setelah menerima doa dari Dr. Jaerock Lee

(ayat 35-36). Ketika Yesus menjawab, "Engkau bukan saja melihat Dia; tetapi Dia yang sedang berkata-kata dengan engkau, Dialah itu!" maka orang itu mengaku, "Aku percaya, Tuhan." (ayat 37-38) Ia tidak hanya sekedar "percaya", ia menerima Yesus sebagai sang Kristus. Itu adalah pengakuan yang teguh darinya di mana ia memutuskan untuk hanya mengikut Tuhan dan hidup bagi Tuhan saja.

Allah ingin kita semua datang ke hadapan-Nya dengan hati yang seperti ini. Ia ingin kita mencarinya bukan saja karena Ia menyembuhkan penyakit kita dan memberkati kita. Ia merindukan agar kita memahami kasih sejati-Nya yang rela memberikan Anak-Nya yang tunggal bagi kita dan agar kita menerima Yesus sebagai Juru Selamat kita. Juga, kita harus mengasihi Dia bukan hanya dengan bibir kita tetapi juga dengan tindakan kita menurut firman Allah. Ia mengatakan kepada kita di dalam 1 Yohanes 5:3, *"Sebab inilah kasih kepada Allah, yaitu, bahwa kita menuruti perintah-perintah-Nya. Perintah-perintah-Nya itu tidak berat."* Jika kita sungguh-sungguh mengasihi Allah, kita harus membuang semua kejahatan yang ada di dalam kita dan berjalan dalam terang setiap hari.

Ketika kita meminta apa pun kepada Allah dengan iman dan kasih seperti ini, bagaimana mungkin Ia tidak akan menjawab kita? Di dalam Matius 7:11, seperti yang dijanjikan oleh Yesus kepada kita, *"Jadi jika kamu yang jahat tahu memberi pemberian yang baik kepada anak-anakmu, apalagi Bapamu*

"Para dokter memberitahu saya
saya segera akan menjadi buta,...
segala sesuatu mulai memudar...
Terima kasih, Allah,
telah memberi saya terang...
saya telah menanti-nantikan
Engkau..."

Rev. Ricardo Morales dari Honduras,
yang hampir menjadi buta
setelah sebuah kecelakaan
tetapi kemudian dapat melihat

yang di sorga! Ia akan memberikan yang baik kepada mereka yang meminta kepada-Nya." Percayalah bahwa Allah Bapa kita akan menjawab doa-doa dari anak-anak-Nya.

Karenanya, tidaklah penting dengan penyakit atau masalah seperti apakah Anda datang kehadapan Allah. Dengan pengakuan, "Tuhan, aku percaya!" yang keluar dari dalam lubuk hati Anda, saat Anda menunjukkan perbuatan imanmu, maka Tuhan yang menyembuhkan seorang laki-laki yang buta sejak lahir akan menyembuhkan segala jenis penyakit, mengubah yang mustahil menjadi mungkin, dan menyelesaikan semua masalah dalam hidup Anda.

Pekerjaan Memelekkan Mata Orang Buta di Gereja Manmin Pusat

Sejak pendiriannya di tahun 1982, Manmin telah begitu besar memuliakan Allah melalui pekerjaan memelekkan banyak mata orang-orang yang buta. Banyak orang yang telah menjadi buta sejak lahir menerima penglihatan setelah didoakan. Banyak orang lainnya yang memiliki penglihatan yang rusak dan harus memakai kacamata atau lensa kontak juga dipulihkan. Di antara sekian banyak kesaksian yang luar biasa, yang berikut ini adalah beberapa contohnya.

Ketika saya mengadakan KKR – Kebaktian Kebangunan

Rohani Gabungan Akbar di Honduras pada bulan Juli 2002, ada seorang anak perempuan berusia dua belas tahun bernama Maria yang telah kehilangan penglihatan pada mata kirinya setelah mengalami demam tinggi sewaktu berumur dua tahun. Orangtuanya mencoba berbagai cara untuk memulihkan penglihatannya namun semua sia-sia saja. Bahkan transplantasi kornea yang diterima Maria tidak berguna. Selama sepuluh tahun sejak transplantasi yang gagal itu, Maria bahkan tidak dapat melihat cahaya dengan mata kanannya.

Kemudian, pada tahun 2002, dengan kerinduan yang begitu besar bagi karunia Allah, Maria datang ke kebaktian di mana dia menerima doa saya, ia pun mulai melihat cahaya, dan segera dipulihkan penglihatannya. Syaraf-syaraf di mata kanannya yang telah rusak total dan mati diciptakan kembali oleh kuasa Allah. Bukankah hal ini sangat mengagumkan? Tidak terhitung jumlahnya orang-orang di Honduras yang merayakan dan berseru, "Allah sungguh hidup dan bekerja sampai hari ini!"

Pendeta Ricardo Morales telah hampir menjadi buta namun disembuhkan sepenuhnya oleh air manis Muan. Tujuh tahun sebelum KKR Honduras, Pendeta Ricardo mengalami kecelakaan lalu lintas di mana retinanya rusak parah dan menderita pendarahan berat. Para dokter telah mengatakan kepada Pendeta Ricardo bahwa pelan-pelan ia akan kehilangan penglihatannya dan akhirnya akan menjadi buta. Namun, ia disembuhkan pada hari pertama Konferensi Para Pemimpin

Gereja 2002 di Honduras. Setelah mendengar firman Allah, dalam iman Pendeta Ricardo menaruh air manis Muan pada matanya dan menjadi terkejut, benda-benda menjadi terlihat jelas saat itu juga. Mulanya, karena ia tidak menantikan hal seperti ini akan terjadi, Pendeta Ricardo tidak dapat mempercayainya. Malam itu, dengan menggunakan kacamatanya, Pendeta Ricardo menghadiri sesi pertama KKR. Lalu, tiba-tiba sjaa, lensa kacamatanya lepas dan ia mendengar suara dari Roh Kudus: "Jika engkau tidak membuka kacamatamu sekarang, kau akan menjadi buta." Pendeta Ricardo kemudian melepas kacamatanya dan menyadari bahwa ia dapat melihat semua hal dengan jelas. Penglihatannya dipulihkan dan Pendeta Ricardo memuliakan Allah dengan luar biasa.

Di Gereja Manmin Nairobi di Kenya, seorang anak muda bernama Kombo pada suatu kali datang ke kampung halamannya, yang berjarak sekitar 400 kilometer (kira-kira 250 mil) dari gereja itu. Selama kunjungan itu, ia menyebarkan injil kepada keluarganya dan menceritakan kepada mereka akan pekerjaan Allah yang ajaib yang terjadi di Gereja Pusat Manmin di Seoul. Ia berdoa bagi mereka dengan saputangan yang saya doakan. Kombo juga memberikan kepada keluarganya sebuah kalender yang dicetak oleh gereja.

Setelah mendengar cucunya mengabarkan injil, Nenek Kombo, yang telah buta, berpikir dalam hatinya dengan kerinduan yang sungguh-sungguh, "Saya ingin melihat foto Dr.

Jaerock Lee juga," saat ia memegang kalender itu dengan kedua tangannya. Yang terjadi kemudian sungguh-sungguh ajaib. Segera setelah nenek Kombo membuka kalender itu, matanya terbuka dan ia dapat melihat foto tersebut. Haleluya! Keluarga Kombo telah mengalami langsung pekerjaan kuasa yang membukakan mata yang buta dan menjadi percaya akan Allah Yang Hidup. Terlebih lagi, ketika berita dari kejadian ini tersebar ke seluruh desa, orang-orang meminta agar dibuka gereja cabang di desa mereka juga.

Dengan begitu banyak pekerjaan dari kuasa Allah di yang terjadi di berbagai penjuru dunia, kini ada ribuan gereja cabang Manmin di seluruh dunia, dan injil kudus dikabarkan hingga ke ujung-ujung bumi. Ketika Anda mengakui dan percaya dalam pekerjaan kuasa Allah, Anda juga dapat menjadi seorang pewaris berkat-berkat-Nya.

Sama seperti yang terjadi pada masa Yesus, bukannya bersukacita dan memuliakan Allah, banyak orang sekarang yang menghakimi, menghujat dan berbicara menentang pekerjaan Roh Kudus. Kita harus menyadari bahwa ini adalah dosa yang sangat berat, sama seperti yang dikatakan secara khusus oleh Yesus dalam Matius 12:31-32: *"Sebab itu Aku berkata kepadamu, segala dosa dan hujat manusia diampuni, tetapi hujat terhadap Roh Kudus tidak akan diampuni. Apabila seorang mengucapkan sesuatu menentang Anak Manusia, ia akan diampuni, tetapi jika ia menentang Roh Kudus, ia tidak akan diampuni, di dunia ini tidak, dan di dunia yang akan datangpun tidak."*

Supaya tidak menentang pekerjaan dari Roh Kudus dan sebaliknya mengalami pekerjaan ajaib dari kuasa Allah, kita harus mengakui dan merindukan pekerjaan-Nya, seperti orang buta di dalam Yohanes 9. Sesuai dengan seberapa banyak seseorang telah mempersiapkan dirinya sebagai bejana untuk menerima jawaban dengan iman, maka sebagian dari mereka akan mengalami karya dari kuasa Allah sementara yang lainnya tidak.

Seperti dikatakan kepada kita dalam Mazmur 18:25-26, *"Terhadap orang yang setia Engkau berlaku setia; terhadap orang yang tidak bercela Engkau berlaku tidak bercela; terhadap orang yang suci Engkau berlaku suci, tetapi terhadap orang yang bengkok Engkau berlaku belat-belit,"* semoga setiap Anda, dengan percaya pada Allah yang memberi upah kepada kita menurut apa yang telah kita lakukan dan menunjukkan tindakan iman kita, menjadi pewaris berkat-berkat-Nya dalam nama Tuhan kita Yesus Kristus saya berdoa!

Orang-Orang Akan Bangun, Melompat, dan Berjalan

- Orang Lumpuh Itu Mendengar Kabar Tentang Yesus
- Orang Lumpuh dan Teman-temannya Datang ke Hadapan Yesus
- Kita Dapat Menerima Jawaban Setelah Kita Menyelesaikan Masalah Dosa
- Orang Lumpuh Berjalan Oleh Kuasa Allah
- Contoh-Contoh Kejadian Bangun, Melompat, dan Berjalan
- Berdiri Setelah Sembilan Tahun di Kursi Roda
- Bangun dari Kursi Roda Setelah Menerima Doa Saputangan
- Ganesh Membuang Kruknya pada Festival Doa Penyembuhan Mukjzat 2002 di India
- Seorang Perempuan Bangun dari Kursi Rodanya di Dubai

Markus 2:3-12

Ada orang-orang datang membawa kepada-Nya seorang lumpuh, digotong oleh empat orang.

Tetapi mereka tidak dapat membawanya kepada-Nya karena orang banyak itu, lalu mereka membuka atap yang di atas-Nya; sesudah terbuka mereka menurunkan tilam, tempat orang lumpuh itu terbaring.

Ketika Yesus melihat iman mereka, berkatalah Ia kepada orang lumpuh itu: "Hai anak-Ku, dosamu sudah diampuni!"

Tetapi di situ ada juga duduk beberapa ahli Taurat, mereka berpikir dalam hatinya: 'Mengapa orang ini berkata begitu? Ia menghujat Allah. Siapa yang dapat mengampuni dosa selain dari pada Allah sendiri?'

Tetapi Yesus segera mengetahui dalam hati-Nya, bahwa mereka berpikir demikian, lalu Ia berkata kepada mereka: 'Mengapa kamu berpikir begitu dalam hatimu? Manakah lebih mudah, mengatakan kepada orang lumpuh ini: "Dosamu sudah diampuni", atau mengatakan: "Bangunlah, angkatlah tilammu dan berjalan"? Tetapi supaya kamu tahu, bahwa di dunia ini Anak Manusia berkuasa mengampuni dosa.'

Berkatalah Ia kepada orang lumpuh itu, 'Kepadamu Kukatakan, bangunlah, angkatlah tempat tidurmu dan pulanglah ke rumahmu.'

Dan orang itupun bangun, segera mengangkat tempat tidurnya dan pergi ke luar di hadapan orang-orang itu, sehingga mereka semua takjub lalu memuliakan Allah, katanya: 'Yang begini belum pernah kita lihat.'

Alkitab mengatakan kepada kita bahwa selama kehidupan Yesus, banyak orang yang lumpuh atau cacat menerima kesembuhan sempurna dan memuliakan Allah dengan luar biasa. Seperti yang telah dijanjikan oleh Allah kepada kita di dalam Yesaya 35:6, *"Pada waktu itu orang lumpuh akan melompat seperti rusa, dan mulut orang bisu akan bersorak-sorai,"* dan juga di dalam Yesaya 49:8, *"Beginilah firman TUHAN: Pada waktu Aku berkenan, Aku akan menjawab engkau, dan pada hari Aku menyelamatkan, Aku akan menolong engkau; Aku telah membentuk dan memberi engkau, menjadi perjanjian bagi umat manusia, untuk membangunkan bumi kembali dan untuk membagi-bagikan tanah pusaka yang sudah sunyi sepi,"* Allah tidak saja akan menjawab kita melainkan juga membawa kita pada keselamatan.

Hal ini tidak henti-hentinya disaksikan sekarang di Gereja Pusat Manmin, di mana oleh pekerjaan dari kuasa Allah yang ajaib banyak pasien yang mulai berjalan, bangun dari kursi roda dan membuang kruk mereka.

Dengan iman seperti apakah orang lumpuh yang disebutkan dalam Markus 2 datang ke hadapan Yesus dan menerima keselamatan dan berkat jawaban? Saya berdoa supaya Anda yang saat ini tidak dapat berjalan karena penyakit, akan bangun, berjalan, dan kembali berlari.

Orang Lumpuh Itu Mendengar Kabar Tentang Yesus

Dalam Markus 2 ada keterangan detil tentang orang lumpuh yang menerima kesembuhan dari Yesus ketika Ia mengunjungi Kapernaum. Di kota itu hiduplah seorang lumpuh yang sangat miskin dan tidak dapat duduk sendiri tanpa pertolongan orang lain, dan ia masih hidup hanya karena ia tidak bisa mati. Namun, ia mendengar kabar tentang Yesus yang telah membuka mata orang buta, menyembuhkan orang cacat, mengusir roh jahat, dan menyembuhkan orang-orang dengan berbagai penyakit. Karena ia memiliki hati yang baik, ketika ia mendengar kabar tentang Yesus, ia mengingat semua itu dan menjadi sungguh-sungguh merindukan untuk bertemu Yesus.

Pada suatu hari, orang lumpuh itu mendengar kabar bahwa Yesus telah datang ke Kapernaum. Betapakah bersemangat dan bersukacita ia dalam menanti-nantikan bertemu Yesus? Namun, orang lumpuh itu tidak dapat bergerak sendiri, dan karenanya mencari teman-teman yang dapat membawanya kepada Yesus. Untung saja, karena teman-temannya juga telah mengetahui tentang Yesus, mereka setuju untuk menolong teman mereka itu.

Orang Lumpuh dan Teman-temannya
Datang ke Hadapan Yesus

Orang lumpuh itu dan teman-temannya tiba di rumah di mana Yesus sedang mengajar, tetapi karena di sana ada kerumunan banyak orang, mereka tidak dapat mendekati pintu, apalagi masuk ke dalam rumah. Keadaan tidak mengizinkan bagi orang lumpuh itu dan teman-temannya untuk datang ke hadapan Yesus. Mereka pasti telah memohon-mohon kepada orang banyak itu, "Tolong minggir! Ada pasien gawat di sini!" Namun tetap saja rumah itu dan sekitarnya dipenuhi oleh orang. Jika orang lumpuh itu dan teman-temannya kurang beriman, mungkin mereka telah pulang ke rumah tanpa bertemu Yesus.

Namun, mereka tidak menyerah melainkan menujukkan iman mereka. Setelah merenungkan bagaimana caranya agar mereka dapat bertemu Yesus, sebagai langkah terakhir, teman-teman si orang lumpuh itu mulai membuat lubang di atap rumah di atas Yesus dan membongkarnya. Bahkan jika mereka harus minta maaf kepada si pemilik rumah dan membayar ganti rugi atas kerusakan nantinya, maka si orang lumpuh dan teman-temannya sudah sedemikian putus asa untuk bertemu Yesus dan menerima penyembuhan.

Iman disertai oleh perbuatan, dan perbuatan iman dapat ditunjukkan hanya ketika Anda merendahkan diri Anda dengan sikap yang rendah hati. Pernahkah Anda memikirkan atau mengatakan kepada diri sendiri, "Walaupun saya mau, tapi kondisi tubuh saya tidak mengizinkan saya untuk pergi ke gereja". Jika orang lumpuh itu berkata ratusan kali, "Tuhan, aku percaya bahwa Kau tahu aku tidak dapat datang menemui-Mu karena aku lumpuh. Aku juga percaya bahwa Kau akan menyembuhkan aku walaupun aku berbaring di tempat tidurku," maka ia tidak akan dikatakan telah menunjukkan imannya.

Tidak masalah apa harga yang harus dibayarnya, orang lumpuh itu datang ke hadapan Yesus untuk menerima penyembuhan. Ia percaya dan diyakinkan bahwa ia akan disembuhkan ketika ia bertemu Yesus, dan ia meminta teman-temannya untuk membawanya ke hadapan Yesus. Terlebih lagi, karena teman-temannya juga memiliki iman, mereka dapat melayani teman mereka yang lumpuh itu dengan membuat lobang dan membongkar atap rumah orang lain.

Jika Anda sungguh-sungguh percaya bahwa Anda akan disembuhkan di hadapan Allah, datang kepada-Nya akan menjadi bukti dari imanmu. Itulah sebabnya setelah mereka membongkar atap itu, teman-teman si orang lumpuh menurunkan kasur di mana ia berbaring dan mengantarnya ke hadapan Yesus. Pada masa itu, atap-atap di Israel berbentuk datar dan ada tangga kayu di sisi setiap rumah yang membuat orang dapat dengan mudah naik ke atap. Juga, genteng atap dapat dilepaskan dengan mudah. Keadaan ini membuat si orang lumpuh datang ke hadapan Yesus lebih dekat dari siapa pun.

Kita Dapat Menerima Jawaban Setelah Kita Menyelesaikan Masalah Dosa

Di dalam Markus 2:5, kita menemukan bahwa Yesus jelas sangat disenangkan oleh perbuatan iman orang lumpuh itu. Sebelum Ia menyembuhkan orang lumpuh itu, mengapa Yesus berkata kepadanya, "Hai anakku, dosamu sudah diampuni"? Ini karena pengampunan dosa harus mendahului penyembuhan.

Dalam Keluaran 15:26, Allah mengatakan kepada kita, *"Jika kamu sungguh-sungguh mendengarkan suara TUHAN, Allahmu, dan melakukan apa yang benar di mata-Nya, dan memasang telingamu kepada perintah-perintah-Nya dan tetap mengikuti segala ketetapan-Nya, maka Aku tidak akan menimpakan kepadamu penyakit manapun, yang telah Kutimpakan kepada orang Mesir; sebab Aku TUHANlah yang menyembuhkan engkau."* Di sini, "penyakit yang telah Kutimpakan kepada orang Mesir" merujuk pada setiap penyakit yang dikenal manusia. Demikianlah, ketika kita menaati perintah-perintah-Nya dan hidup menurut Firman-Nya, Allah akan melindungi kita sehingga tidak ada penyakit yang dapat mengenai kita. Juga, dalam Ulangan 28 Allah menjanjikan kepada kita bahwa selama kita taat dan hidup menurut Firman-Nya, tidak akan ada penyakit yang akan menyerang tubuh kita. Dalam Yohanes 5, setelah menyembuhkan seorang laki-laki yang sudah menderita penyakit selama 38 tahun, Yesus berkata kepadanya, *"Engkau telah sembuh; jangan berbuat dosa lagi, supaya padamu jangan terjadi yang lebih buruk"* (ayat 14).

Karena semua penyakit berasal dari dosa, sebelum Ia menyembuhkan orang lumpuh itu, Yesus terlebih dulu memberinya pengampunan. Namun, datang ke hadapan Yesus tidak selalu menghasilkan pengampunan. Untuk dapat menerima penyembuhan, pertama-tama kita harus bertobat dari dosa-dosa kita dan berbalik dari jalan-jalan dosa. Jika Anda adalah seorang pendosa, Anda harus menjadi orang yang tidak lagi berdosa; Jika Anda adalah seorang pembohong, Anda tidak boleh lagi berbohong; dan jika Anda membenci orang lain, Anda tidak boleh lagi membenci. Hanya kepada mereka yang menaati firman-Nya Allah memberikan pengampunan. Terlebih lagi, mengaku "Aku percaya" tidak menjamin Anda mendapatkan pengampunan, ketika kita datang ke dalam terang, darah Tuhan kita akan secara alami membasuh kita dari semua dosa kita (1 Yohanes 1:7).

Orang Lumpuh Berjalan Oleh Kuasa Allah

Dalam Markus 2, kita menemukan bahwa setelah menerima pengampunan, orang yang dulu lumpuh itu bangun, mengangkat kasurnya dan berjalan keluar disaksikan semua orang di sana. Ketika ia datang kepada Yesus, ia sedang berbaring di atas kasur. Orang itu disembuhkan pada saat Yesus mengatakan kepadanya, *"Hai anakku, dosamu sudah diampuni"* (ayat 5). Bukannya bersukacita atas penyembuhan itu, para ahli taurat malah sibuk bertengkar. Ketika Yesus berkata kepada orang itu, *"Hai anakku, dosamu sudah diampuni,"* mereka berpikir, *"Mengapa orang ini berkata begitu? Dia ini sedang menghujat Allah; siapa yang dapat mengampuni dosa selain dari pada Allah saja?"* (ayat 7)

Kemudian Yesus berkata kepada mereka, *"Mengapa kamu berpikir begitu dalam hatimu? Manakah lebih mudah, mengatakan kepada orang lumpuh ini: "Dosamu sudah diampuni", atau mengatakan: "Bangunlah, angkatlah tilammu dan berjalan"? Tetapi supaya kamu tahu, bahwa di dunia ini Anak Manusia berkuasa mengampuni dosa"* (ayat 8-10). Setelah memberi pengertian kepada mereka mengenai pemeliharaan Allah, ketika Yesus berkata kepada orang lumpuh itu, *"Kepadamu Kukatakan, bangunlah, angkatlah tempat tidurmu dan pulanglah ke rumahmu,"* (ayat 11) ia segera bangun dan berjalan. Dengan kata lain, karena orang yang sebelumnya lumpuh itu menerima penyembuhan menunjukkan bahwa ia menerima pengampunan, dan bahwa Allah menjamin setiap kata-kata yang diucapkan oleh Yesus. Itu juga menjadi bukti bahwa Allah Yang Mahakuasa menjamin Yesus sebagai Juru Selamat umat manusia.

Contoh-Contoh Kejadian Bangun,
Melompat, dan Berjalan

Dalam Yohanes 14:11, Yesus berkata kepada kita, *"Percayalah kepada-Ku, bahwa Aku di dalam Bapa dan Bapa di dalam Aku; atau setidak-tidaknya, percayalah karena pekerjaan-pekerjaan itu sendiri."* Karenanya, kita harus percaya bahwa Allah Bapa dan Yesus adalah satu dan sama dengan menyaksikan bahwa orang lumpuh yang datang ke hadapan Yesus dalam iman diampuni, bangun, melompat, dan berjalan atas perintah Yesus.

Di dalam Yohanes 14:12 berikut ini Yesus berkata kepada kita, *"Aku berkata kepadamu: sesungguhnya barangsiapa percaya kepada-Ku, ia akan melakukan juga pekerjaan-pekerjaan yang Aku lakukan, bahkan pekerjaan-pekerjaan yang lebih besar dari pada itu; sebab Aku pergi kepada Bapa."* Karena saya percaya pada firman Allah seratus persen, setelah saya dipanggil sebagai hamba Allah saya berdoa dan berpuasa berhari-hari untuk menerima kuasa-Nya. Akibatnya, kesaksian-kesaksian akan penyembuhan berbagai penyakit yang tidak dapat ditangani oleh ilmu pengetahuan modern telah membanjiri Manmin sejak pertama kali didirikan.

Setiap kali gereja sebagai satu kesatuan melewati ujian berkat, kecepatan di mana pasien menerima penyembuhan dipercepat sementara semakin banyak penyakit kritis disembuhkan. Melalui

Kebaktian Kebangunan Rohani Khusus Dua-Minggu tahunan yang diadakan dari tahun 1993 sampai 2004 dan berbagai KKR Gabungan Akbar, banyak orang dari seluruh dunia yang telah mengalami kuasa Allah yang luar biasa.

Dari begitu banyak contoh di mana orang bangun, melompat, dan berjalan, inilah beberapa di antaranya.

Berdiri Setelah Sembilan Tahun di Kursi Roda

Kesaksian pertama adalah dari Diaken Yoonsup Kim. Pada bulan Mei 1990, ia terjatuh dari ketinggian kira-kira gedung lima lantai saat sedang melakukan pekerjaan kelistrikan di Kota Ilmu Pengetahuan Taedok di Korea Selatan. Peristiwa ini terjadi sebelum Kim percaya kepada Allah.

Segera saja setelah jatuh, ia dibawa ke Rumah Sakit Sun di Yoosung, Provinsi Choongnam, di mana ia koma selama enam bulan. Namun setelah bangun dari koma, rasa sakit dari tekanan dan pecahnya tulang toraks kesebelas dan kedua belas serta hernia di tulang lumbar keempat dan kelima sungguh tidak tertahankan. Para dokter di rumah sakit memberitahukan kepada Kim bahwa kondisinya kritis. Ia dirujuk ke rumah sakit lain berkali-kali. Namun, tanpa ada perubahan pada kondisinya, Kim akhirnya dinyatakan mengalami cacat tingkat pertama. Di sekeliling pinggangnya, Kim harus mengenakan penyangga

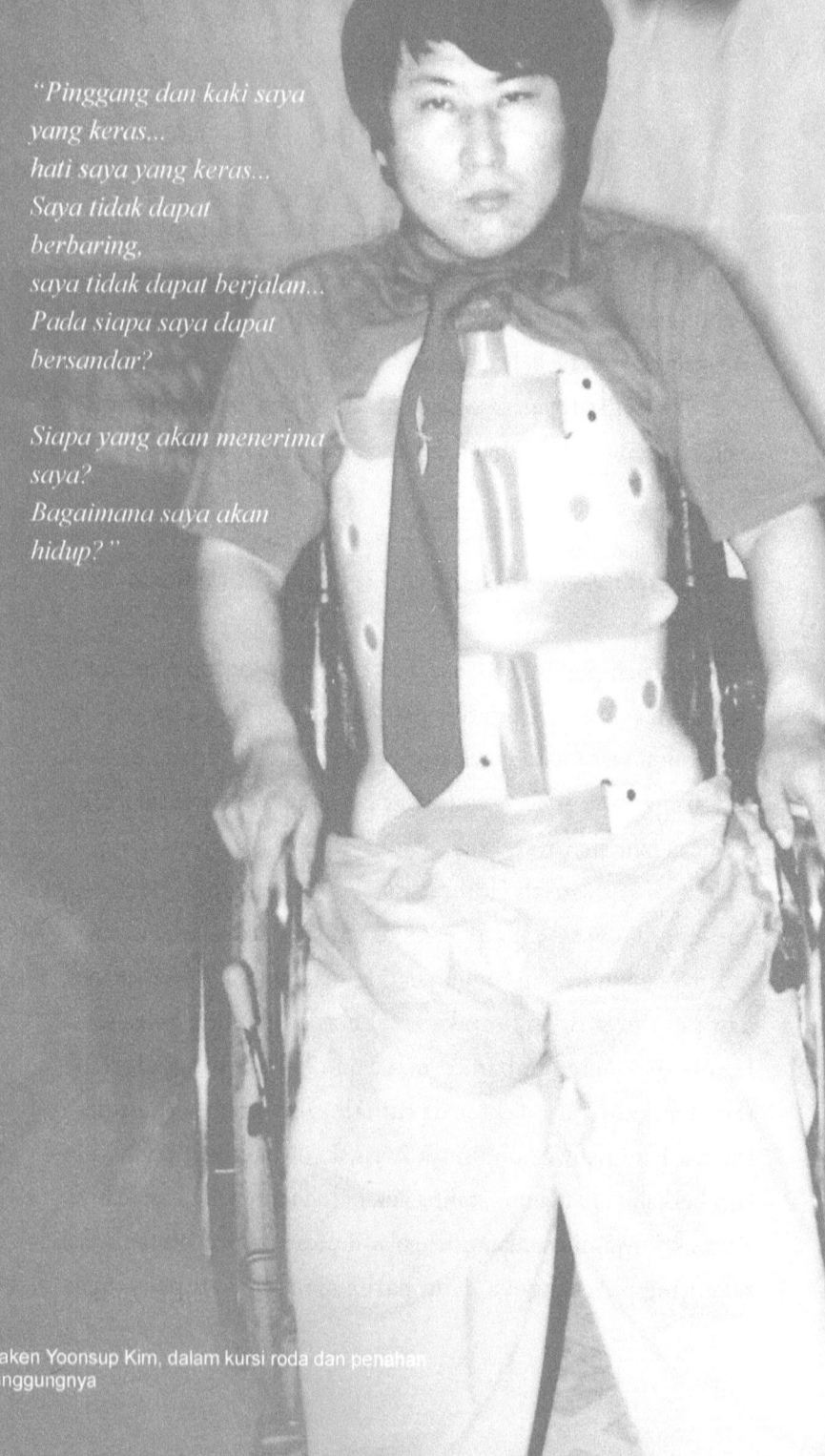

"Pinggang dan kaki saya yang keras...
hati saya yang keras...
Saya tidak dapat berbaring,
saya tidak dapat berjalan...
Pada siapa saya dapat bersandar?

Siapa yang akan menerima saya?
Bagaimana saya akan hidup?"

Diaken Yoonsup Kim, dalam kursi roda dan penahan punggungnya

"Halleluyah!
Allah itu hidup!
Dapatkah kau melihatku berjalan?"

Diaken Kim bersukacita
dengan jemaat Manmin yang lain
setelah menerima penyembuhan
melalui doa Dr. Jaerock Lee

untuk tulang belakangnya sepanjang waktu. Juga, ia tidak dapat berbaring sehingga ia harus tidur sambil duduk.

Selama masa-masa sulit ini, Kim diinjili dan datang ke Manmin, di mana ia memulai hidup dalam Kristus. Ketika ia menghadiri Kebaktian Khusus untuk Penyembuhan Ilahi pada November 1998, Kim memperoleh pengalaman yang tidak dapat dipercaya. Sebelum kebaktian itu, ia tidak dapat berbaring pada punggungnya atau ke kamar mandi sendiri. Setelah menerima doa saya, ia dapat bangun dari kursi rodanya dan berjalan dengan kruk.

Supaya memperoleh penyembuhan penuh, Diaken Kim dengan setia datang pada semua kebaktian penyembahan dan tidak pernah berhenti berdoa. Sebagai tambahan, dalam kerinduan yang sungguh-sungguh dan untuk persiapan Kebaktian Kebangunan Rohani Khusus Dua-Minggu yang Ke-7 di bulan Mei 1999, ia berpuasa selama 21 hari. Ketika saya berdoa bagi orang sakit dari mimbar selama sesi pertama kebaktian, Diaken Kim merasakan ada sinar cahaya yang kuat menerangi dirinya dan ia melihat suatu penglihatan di mana ia sedang berlari. Pada minggu kedua dari Kebaktian itu, ketika saya menaruh tangan atasnya dan berdoa bagi dia, ia dapat merasakan bahwa tubuhnya menjadi lebih ringan. Ketika api Roh Kudus turun ke atas kakinya, ia diberikan kekuatan yang tidak dikenal. Ia dapat membuang semua kawat penyangga tulang belakang dan kruknya, berjalan tanpa kesulitan, dan dengan bebas menggerakkan pinggangnya.

Oleh kuasa Allah, Diaken Kim bisa berjalan sebagai orang biasa. Ia bahkan mengendarai sepedanya dan melayani dengan tekun di gereja. Beberapa waktu yang lalu Diaken Kim menikah dan kini menjalani kehidupan yang sungguh bahagia.

Bangun dari Kursi Roda Setelah Menerima Doa Saputangan

Di Manmin, peristiwa-peristiwa spektakuler yang dituliskan dalam Alkitab dan mukjizat-mukjizat yang luar biasa berlangsung; melalui semua hal itu Allah dimuliakan lebih besar. Di antara berbagai peristiwa dan mukjizat demikian ada manifestasi kuasa Allah melalui saputangan.

Dalam Kisah Para Rasul 19:11-12 kita melihat bahwa, *"Oleh Paulus Allah mengadakan mujizat-mujizat yang luar biasa, bahkan orang membawa saputangan atau kain yang pernah dipakai oleh Paulus dan meletakkannya atas orang-orang sakit, maka lenyaplah penyakit mereka dan keluarlah roh-roh jahat."* Demikian juga, ketika orang-orang mengambil saputangan yang saya doakan atau venda-benda dari tubuh saya kepada orang sakit, terjadilah banyak pekerjaan penyembuhan yang ajaib. Sebagai akibatnya, banyak negara dan orang-orang dari seluruh dunia yang telah meminta kami untuk melakukan

KKR saputangan di daerah mereka. Terlebih lagi, tidak terhitung orang di Afrika, Pakistan, Indonesia, Filipina, Honduras, Jepang, Cina, Rusia, dan banyak lagi yang juga mengalami "mukjizat luar biasa".

Pada bulan April 2001, salah seorang pendeta dari Manmin melakukan KKR saputangan di Indonesia di mana banyak orang menerima penyembuhan dan memberi kemuliaan bagi Allah yang hidup. Salah satu di antara mereka adalah mantan gubernur, yang sebelumnya duduk di kursi roda. Ketika ia disembuhkan melalui doa saputangan, hal itu segera menjadi berita besar.

Pada bulan Mei 2003, pendeta Manmin lainnya melakukan KKR saputangan di Cina di mana ada seorang laki-laki yang sudah bergantung pada kursi roda selama 34 tahun dapat berjalan sendiri, di antara banyak peristiwa penyembuhan lainnya.

Ganesh Membuang Kruknya pada Festival Doa Penyembuhan Mukjzat 2002 di India

Pada Festival Doa Penyembuhan Mukjizat 2002 di India, yang berlangsung di Pantai Marna di Chennai, daerah yang didominasi Hindu, ada lebih dari tiga juta orang berkumpul, menyaksikan sendiri karya-karya yang sungguh luar biasa dari

"Saya tidak dapat lagi merasa
kesembilan kuku
yang telah ditekankan
ke dalam daging dan tulang saya!

Saya bahkan tidak dapat berdiri
sebelumnya
karena rasa sakit,
tetapi sekarang saya dapat berjalan!"

Ganesh menjadi dapat berjalan
tanpa kruk-nya
setelah menerima doa
dari Dr. Jaerock Lee

kuasa Allah, dan banyak dari mereka yang menjadi Kristen. Sebelum KKR ini, laju di mana tulang yang kaku menjadi longgar dan syaraf-syaraf yang mati dibangkitkan telah maju dengan lambat. Dimulai dengan KKR India, karya-karya penyembuhan mengalahkan tatanan tubuh manusia.

Di antara orang-orang yang menerima penyembuhan ada seorang anak remaja laki-laki berusia enam belas tahun bernama Ganesh. Ia jatuh dari sepeda dan melukai pelvis kanannya. Situasi keuangan yang sulit di rumah telah membuat dia tidak dapat memperoleh perawatan yang memadai. Setelah setahun berlalu, ada tumor yang berkembang di dalam tulangnya dan ia terpaksa merelakan pelvis kanannya diambil. Para dokter memasangkan pelat logam tipis di tulang pahanya dan di bagian pelvisnya yang tersisa, serta mengencangkan pelat itu dengan sembilan paku. Rasa sakit yang amat sangat dari paku-paku tersebut membuat mustahil bagi Ganesh untuk berjalan dan menuruni tangga atau berjalan tanpa kruk.

Ketika ia mendengar tentang KKR itu, Ganesh datang menghadirinya dan mengalami pekerjaan berapi-api dari Roh Kudus. Pada hari kedua dari KKR empat-hari itu, saat ia menerima "Doa Bagi Orang Sakit" ia merasakan tubuhnya menjadi panas, seperti ditempatkan di panci air mendidih, dan tidak lagi merasakan sakit pada tubuhnya. Ia segera naik ke atas panggung dan memberikan kesaksian atas kesembuhannya. Sejak itu, ia tidak pernah lagi merasakan sakit di tubuhnya, tidak

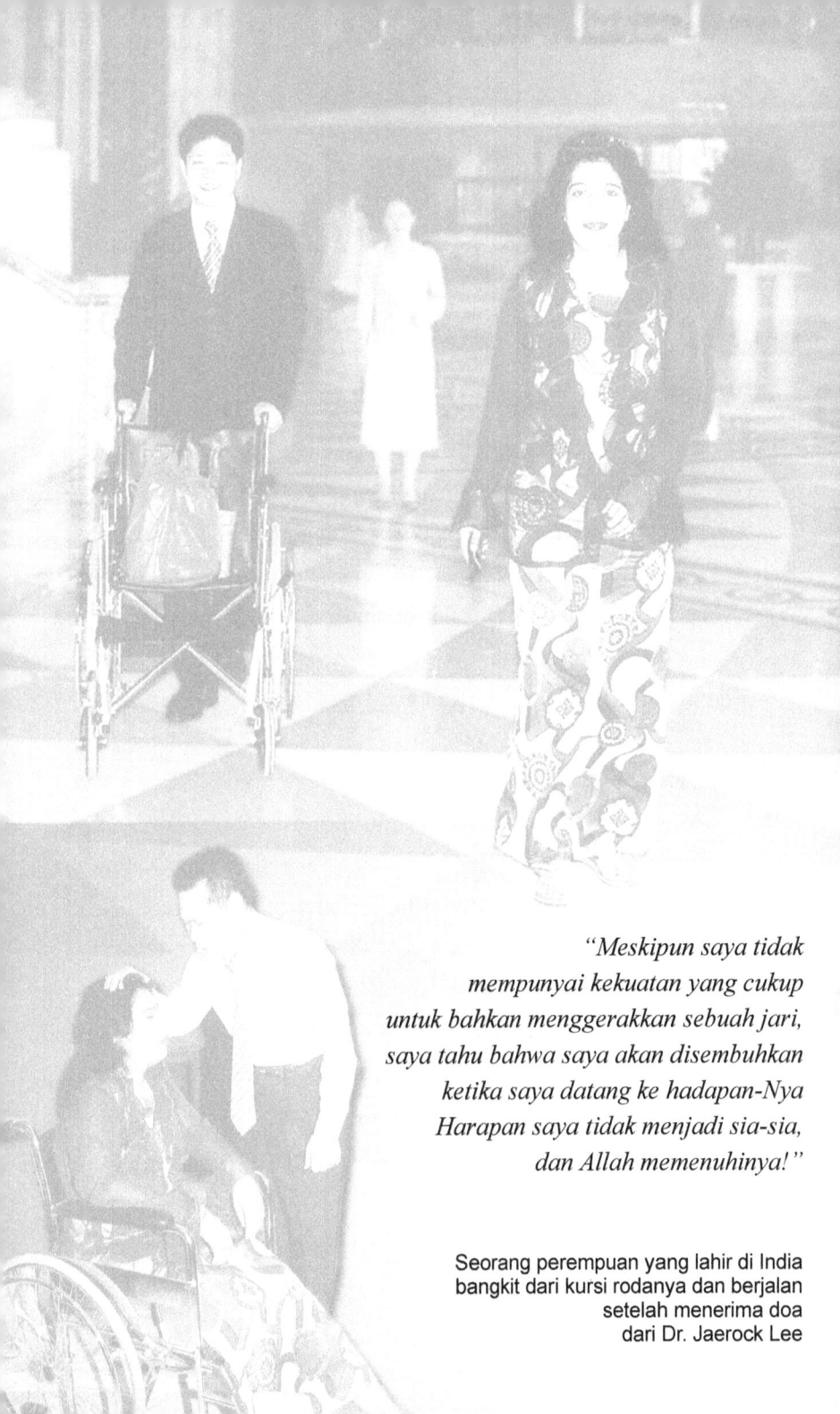

"Meskipun saya tidak mempunyai kekuatan yang cukup untuk bahkan menggerakkan sebuah jari, saya tahu bahwa saya akan disembuhkan ketika saya datang ke hadapan-Nya Harapan saya tidak menjadi sia-sia, dan Allah memenuhinya!"

Seorang perempuan yang lahir di India bangkit dari kursi rodanya dan berjalan setelah menerima doa dari Dr. Jaerock Lee menggunakan kruk, dan jadi bisa berjalan dan berlari dengan bebas.

Seorang Perempuan Bangun dari Kursi Rodanya di Dubai

Pada bulan April 2003, saat saya sedang berada di Dubai, Uni Emirat Arab, ada seorang perempuan kelahiran India yang berdiri dari kursi rodanya begitu ia menerima doa saya. Ia adalah seorang perempuan cerdas yang kuliah di Amerika Serikat. Karena masalah pribadi, ia mengalami syok mental, yang ditambah dengan dampak setelah kecelakaan lalu lintas dan komplikasi.

Ketika saya pertama kali melihat perempuan ini, ia tidak dapat berjalan, tidak kuat untuk berbicara, dan tidak dapat memungut kacamata yang ia jatuhkan. Ia menambahkan bahwa ia juga terlalu lemah untuk menulis atau mengangkat segelas air. Saat orang lain menyentuhnya sedikit saja, ia akan merasakan sakit yang amat sangat. Namun, setelah didoakan ia segera bangun dari kursi rodanya. Bahkan saya sangat terkesima atas perempuan ini, yang tidak memiliki kekuatan untuk berbicara beberapa menit sebelumnya, karena kemudian ia dapat membereskan barang-barangnya dan keluar dari ruangan.

Yeremia 29:11 mengatakan kepada kita, *"Sebab Aku ini mengetahui rancangan-rancangan apa yang ada pada-Ku mengenai kamu, demikianlah firman TUHAN, yaitu rancangan damai sejahtera dan bukan rancangan kecelakaan, untuk memberikan kepadamu hari depan yang penuh harapan."* Allah Bapa kita begitu mengasihi kita sehingga Ia merelakan Anak-Nya yang tunggal bagi kita.

Karenanya, bahkan jika anda telah mengalami hidup yang berat karena kecacatan fisik, Anda memiliki pengharapan untuk hidup bahagia dan sehat dengan iman kepada Allah Bapa. Ia tidak ingin melihat ada anak-Nya yang mengalami pencobaan dan penderitaan. Juga, ia rindu untuk memberikan damai sejahtera, sukacita, kebahagiaan, dan masa depan bagi setiap orang di dunia ini.

Lewat kisah tentang orang lumpuh yang ada di dalam Markus 2, Anda dapat mengetahui cara-cara dan metode untuk menerima jawaban dan kerinduan hati Anda. Semoga masing-masing dari Anda mempersiapkan bejana iman dan menerima apa pun yang Anda minta, dalam nama Tuhan kita Yesus Kristus saya berdoa!

Orang-Orang Akan Bersukacita, Menari dan Menyanyi

- Yesus Menyembuhkan Seorang Laki-laki yang Tuli dan Bisu
- Contoh-contoh Penyembuhan Ketulian yang Allah Kerjakan di Manmin
- Tuli sejak Lahir Menerima Penyembuhan
- Pada Festival Doa Penyembuhan Mujizat India Tahun 2002, Jennifer Melepaskan Alat Bantu Dengarnya
- Untuk Mengalami Kuasa Yang Memampukan Orang Bisu dapat Berbicara dan Orang Tuli dapat Mendengar

Markus 7:31-37

Kemudian Yesus meninggalkan pula daerah Tirus, dan dengan melalui Sidon pergi ke danau Galilea, di tengah-tengah daerah Dekapolis.

Di situ orang membawa kepada-Nya seorang yang tuli dan yang gagap, dan memohon kepada-Nya, supaya Ia meletakkan tangan-Nya atas orang itu.

Dan sesudah Yesus memisahkan dia dari orang banyak, sehingga mereka sendirian, Ia memasukkan jari-Nya ke telinga orang itu, lalu meludah, Ia meraba lidah orang itu.

Kemudian sambil menengadah ke langit Yesus menarik nafas dan berkata kepadanya, 'Efata!' artinya, 'Terbukalah!'

Maka terbukalah telinga orang itu, dan seketika itu terlepas pulalah pengikat lidahnya, lalu ia berkata-kata dengan baik.

Yesus berpesan kepada orang-orang yang ada di situ supaya jangan menceriterakannya kepada siapa pun juga. Tetapi makin dilarang-Nya mereka, makin luas mereka memberitakannya.

Mereka takjub dan tercengang dan berkata: 'Ia menjadikan segala-galanya baik, yang tuli dijadikan-Nya mendengar, yang bisu dijadikan-Nya berkata-kata.'

Kita menemukan hal berikut dalam Matius 4:23-24:

Yesus pun berkeliling di seluruh Galilea; Ia mengajar dalam rumah-rumah ibadat dan memberitakan Injil Kerajaan Allah serta melenyapkan segala penyakit dan kelemahan di antara bangsa itu. Maka tersiarlah berita tentang Dia di seluruh Siria dan dibawalah kepada-Nya semua orang yang buruk keadaannya, yang menderita pelbagai penyakit dan sengsara, yang kerasukan, yang sakit ayan dan yang lumpuh, lalu Yesus menyembuhkan mereka.

Yesus tidak hanya memberitakan firman Allah dan kabar baik kerajaan surga, tetapi juga menyembuhkan banyak sekali orang yang menderita berbagai jenis penyakit. Dengan menyembuhkan penyakit-penyakit yang tidak dapat disembuhkan oleh kuasa, firman yang Yesus sampaikan diukir dalam hati orang-orang, dan Dia membimbing mereka ke surga dengan iman mereka.

Yesus Menyembuhkan Seorang
Laki-laki yang Tuli dan Bisu

Dalam Markus 7 ada kisah ketika Yesus berjalan dari Tirus ke Sidon, kemudian dari sana menuju ke Danau Galilea dan ke daerah Dekapolis, dan menyembuhkan seorang laki-laki yang tuli dan bisu. Jika seseorang "tidak dapat lancar berkata-kata" itu berarti bahwa dia gagap dan tidak dapat berbicara dengan fasih. Laki-laki dalam pasal ini mungkin telah belajar berbicara ketika dia kecil, tetapi kemudian dia menjadi tuli, dan sekarang "tidak dapat lancar berkata-kata".

Secara umumu, seorang yang "bisu tuli" adalah seseorang yang tidak pernah belajar bahasa dan berbicara karena ketuliannya, sementara "bradyacusia" mengacu pada kesulitan dalam mendengar. Ada sejumlah penyebab di mana seseorang menjadi bisu tuli. Yang pertama adalah karena keturunan. Dalam kasus yang kedua, seseorang menjadi bayi yang dilahirkan bisu tuli jika sang ibu menderita penyakit rubella (atau dikenal sebagai "campak Jerman") atau menggunakan pengobatan yang salah selama masa kehamilan. Dalam kasus yang ketiga, jika seorang anak didiagnosa dengan meningitis ketika dia berumur tiga atau empat tahun, pada saat anak belajar untuk berbicara, seseorang bisa menjadi bisu tuli. Dalam kasus bradyacusia, jika gendang telinga telah pecah, alat bantu dengar dapat meringankan masalah ini. Jika terdapat masalah dalam saraf pendengaran itu sendiri, tidak ada alat bantu dengar yang dapat menolong. Untuk kasus-kasus lain dimana seseorang bekerja dalam tempat yang sangat bising atau melemahnya pendengaran yang terjadi karena faktor usia, hal ini dikatakan tidak ada penyembuhan mendasarnya.

Sebagai tambahan, seseorang dapat menjadi tuli atau bisu jika dia kerasukan roh jahat. Dalam kasus seperti ini, ketika seseorang dengan autoritas rohani mengusir roh jahat, orang tersebut akan langsung dapat mendengar dan berbicara kembali. Dalam Markus 9:25-27, ketika Yesus memarahi roh jahat yang ada dalam tubuh seorang anak laki-laki yang tidak dapat berbicara, *"Hai kau roh yang menyebabkan orang menjadi bisu dan tuli, Aku memerintahkan engkau, keluarlah dari pada anak ini dan jangan memasukinya lagi,"* (ayat 25) roh jahat tersebut segera meninggalkan anak itu dan anak itu menjadi sembuh.

Percayalah bahwa ketika Yesus bekerja, tidak ada penyakit atau kelemahan yang dapat membebani atau mengancam Anda. Itulah mengapa kita menemukan dalam Yeremia 32:27, *"Sesungguhnya, Akulah TUHAN, Allah segala mahkluk; adakah sesuatu apa pun yang mustahil untuk-Ku?"* Mazmur 100:3 mendorong kita untuk *"Ketahuilah, bahwa TUHANlah Allah; Dialah yang menjadikan kita dan punya Dialah kita, umat-Nya dan kawanan domba gembalaan-Nya,"* sementara

Mazmur 94:9 mengingatkan kita, *"Dia yang menanamkan telinga, masakan tidak mendengar? Dia yang membentuk mata, masakan tidak memandang?"* Ketika kita percaya kepada Allah Bapa Yang Mahakuasa yang membentuk telinga dan mata kita dari dasar hati kita, segala sesuatu adalah mungkin. Itulah mengapa bagi Yesus, yang datang ke dunia dalam daging, segalanya adalah mungkin. Sebagaimana yang kita temukan dalam Markus 7, ketika Yesus menyembuhkan laki-laki yang tuli dan bisu, telinga orang tersebut dibuka dan firman-Nya menjadi masuk akal.

Ketika kita tidak hanya percaya kepada Yesus Kristus tetapi juga meminta kuasa Allah dengan iman yang dewasa, pekerjaan yang sama yang telah dicatat dalam Alkitab akan terjadi lagi bahkan saat-saat ini. Untuk hal ini, Ibrani 13:8 memberitahu kita, *"Yesus Kristus tetap sama, baik kemarin, maupun hari ini dan sampai selama-lamanya,"* sementara Efesus 4:13 mengingatkan kita untuk *"mencapai kesatuan iman dan pengetahuan yang benar tentang Anak Allah, kedewasaan penuh, dan tingkat pertumbuhan yang sesuai dengan kepenuhan Kristus."*

Namun demikian, degenerasi anggota tubuh atau ketulian dan kebisuan sebagai hasil dari matinya sel-sel saraf tidak dapat disembuhkan oleh karunia penyembuhan. Hanya ketika seseorang yang telah mencapai seluruh kepenuhan Yesus Kristus, menerima kuasa dan autoritas dari Allah dan berdoa sesuai

Sebuah nyanyian ucapan syulur
Oleh orang-orang
yang telah disembuhkan dari ketulian mereka

"Dengan hidup
Kau telah memberikan kami,
kami akan berjalan
di bumi Dalam
kerinduan akan Engkau

Jiwa saya yang jernih seperti Kristal
datang kepada-Mu

Diaken Napshim Park memberikan kemuliaan kepada Allah
setelah disembuhkan dari ketulian selama 55 tahun.

dengan kehendak Allah, maka penyembuhan akan tejadi.

Contoh-contoh Penyembuhan Ketulian yang Allah Kerjakan di Manmin

Saya telah menyaksikan beberapa contoh dimana bradyacusia disembuhkkan, dan tidak terhitung jumlah orang yang sebelumnya tidak dapat mendengar sejak lahir menjadi dapat mendengar untuk pertama kalinya. Ada dua orang yang telah dapat mendengar untuk pertama kalinya pada usia 55 dan 57 tahun.

Pada bulan September 2000, ketika saya melakukan sebuah Festival Penyembuhan Mujizat di Nagoya, tiga belas orang yang telah menderita gangguan pendengaran menerima kesembuhan segera setelah mereka menerima doa saya. Kabar ini disampaikan kepada sekian banyak orang yang mengalami gangguan pendengaran di Korea, dan banyak dari mereka menghadiri Kebaktian Kebangunan Rohani Khusus Dua Minggu yang ke-sembilan pada bulan Mei 2001, menerima kesembuhan, dan sangat memuliakan Allah.

Di antara mereka ada seorang perempuan yang berusia 33 tahun, yang telah menjadi bisu-tuli sejak sebuah kecelakaan yang dialaminya ketika berumur delapan tahun. Setelah dibimbing ke gereja kami sesaat sebelum KKR tahun 2001, dia mempersiapkan dirinya sendiri untuk menerima jawaban. Perempuan itu menghadiri "Kebaktian Persekutuan Doa Daniel" dan, ketika dia mengingat dosa-dosanya di masa lalu, dia merendahkan hatinya. Setelah mempersiapkan dirinya untuk Kebaktian Kebangunan Rohani dengan keinginan yang sungguh-sungguh, dia menghadiri Kebaktian. Selama sesi terakhir dari Kebaktian tersebut, ketika saya menumpangkan tangan saya untuk orang yang bisu-tuli dan berdoa untuk mereka, dia tidak merasakan perubahan langsung. Namun demikian, dia tidak kecewa. Sebaliknya, dia melihat kesaksian dari mereka yang telah menerima kesembuhan dengan bersukacita dan bersyukur, dan percaya bahkan dengan lebih sungguh-sungguh lagi bahwa dia, juga, dapat disembuhkan.

Allah mempertimbangkan ini sebagai iman dan menyembuhkan perempuan itu tak lama setelah Kebaktian berakhir. Saya telah melihat pekerjaan kuasa Allah dimanifestasikan bahkan setelah Kebaktian selesai. Lebih lagi, pemeriksaan pendengaran yang dilakukannya hanya untuk membuktikan penyembuhan sempurna di kedua telinganya. Haleluya!

Tuli sejak Lahir Menerima Penyembuhan

Besarnya manifestasi kuasa Alah telah meningkat tahun demi

tahun. Pada tahun 2002 Penginjilan Penyembuhan Mujizat Honduras, tak terhitung jumlah orang yang tuli dan bisu menjadi bisa mendengar dan berbicara. Ketika anak perempuan dari kepala keamanan selama penginjilan disembuhkan dari ketulian yang telah dialami seumur hidupnya, dia menjadi sangat gembira dan sangat bersyukur.

Salah satu telinga dari seorang anak-umur-delapan-tahun Madeline Yaimin Bartres tidak bertumbuh dengan benar dan mulai kehilangan pendengaran. Setelah mendengar akan penginjilan tersebut, Madeline memohon pada ayahnya untuk membawa dia ke acara tersebut. Dia mulai menerima kasih karunia yang melimpah selama waktu puji-pujian, dan setelah menerima doa saya bagi semua orang sakit, dia mulai dapat mendengar dengan jelas. Karena ayahnya telah bekerja dengan setia untuk penginjilan tersebut, Allah memberkati anaknya dengan cara ini.

Pada Festival Doa Penyembuhan Mujizat India Tahun 2002, Jennifer Melepaskan Alat Bantu Dengarnya

Meskipun kita tidak dapat menyebutkan semua kesaksian yang tak terhitung jumlahnya tentang penyembuhan selama dan setelah Penginjilan India, meskipun dengan sejumlah kecil yang kami pilih dan rangkum untuk mengucap syukur dan

Jennifer disembuhkan dari ketulian masa kecilnya
dan hasil evaluasi pendengaran

CHURCH OF SOUTH INDIA

Phone : 857 11 01
859 23 05

MADRAS DIOCESE

C. S. I. KALYANI MULTI SPECIALITY HOSPITAL

15, Dr. Radhakrishnan Salai, Chennai-600 004. (South India)

Ref. No.

Date 15/10/02

To whom it may concern.

Miss Jennifer aged 5 yrs has been examined by me at CSI Kalyani hospital for her hearing.

After interacting with the child and observing her and after examining the child, I have come to the conclusion that Jennifer has definitely good hearing improvement now than before she was prayed for. Her mothers observation of her child is far more important and the mother has definitely noticed marked improvement in her childs hearing ability. Jennifer hears much better without the hearing aid, responding to her name being called when so previously she was not, without the aid and

Christ...........

Medical Officer,
C. S. I. KALYANI GENERAL HOSPITAL,
Mylapore, Ch...

Audiogram Result : Moderate to severe sensori-neural hearing loss i.e 50%-70% hearing loss. Christi memuliakan Allah. Di antaranya adalah kisah seorang perempuan yang bernama Jennifer, yang telah menjadi tuli dan bisu sejak lahir. Seorang dokter menyarankan dia untuk menggunakan alat bantu dengar yang dapat sedikit membantu pendengarannya, tetapi mengingatkan dia bahwa pendengaran tersebut tidak akan bisa sempurna.

Sementara ibu Jennifer berdoa setiap hari untuk penyembuhan anak perempuannya, mereka menghadiri penginjilan tersebut. Sang Ibu dan anak perempuan tersebut duduk dekat dengan salah satu pengeras suara yang besar karena kedahsyatan suara dari pengeras suara tersebut tidak akan mengganggu Jennifer. Pada hari terakhir penginjilan, bagaimanapun, karena banyaknya jumlah orang yang datang, mereka tidak dapat menemukan tempat duduk dekat pengeras suara. Apa yang kemudian terjadi sungguh tidak dapat dipercaya. Begitu saya menyelesaikan doa bagi orang yang sakit dari mimbar, Jennifer memberitahu ibunya bahwa semua suara menjadi sangat keras dan meminta ibunya untuk melepaskan alat bantu dengarnya. Haleluya!

Menurut catatan medis yang terkait dengan penyembuhan tersebut, tanpa alat bantu dengar, pendengaran Jennifer tidak akan dapat merespons bahkan terhadap suara dengan intensitas paling tinggi. Dengan kata lain, Jennifer telah kehilangan seratus persen pendengarannya, tetapi setelah berdoa didapati bahwa 30-50 persen pendengarannya telah diperbaharui. Berikut ini adalah evaluasi Christina seorang otorhinolaryngologist terhadap Jennifer:

Dalam rangka menilai kemampuan pendengaran Jennifer, pada umur 5 tahun, saya memeriksa dia di Rumah Sakit C.S.I. Kalyani Multi Specialty. Setelah berbicara dengan Jennifer dan memeriksa dia, saya mencapai sebuah kesimpulan bahwa ada sebuah perbaikan yang pasti dan luar biasa dalam pendengarannya setelah didoakan. Pendapat Ibu Jennifer juga berkaitan. Dia membuat pengamatan yang sama dengan yang saya lakukan: Pendengaran Jennifer telah membaik dengan pasti dan secara drastis. Pada saat ini, Jennifer dapat mendengar dengan baik tanpa alat bantu dengar apa pun dan merespon dengan baik ketika orang memanggil namanya. Hal ini bukanlah kasus tanpa alat bantu dengar berkaitan dengan doa.

Bagi mereka yang mempersiapkan hati mereka dalam iman, kuasa Allah dimanifestasikan tanpa keraguan. Tentu saja, terdapat beberapa contoh dimana kondisi pasien membaik hari demi hari yang sangat lama ketika mereka menjalani hidup yang penuh iman dalam Kristus.

Sering kali, Allah tidak memberikan penyembuhan yang total pada saat awal bagi mereka yang telah tuli dari sejak muda. Jika mereka dapat mendengar dengan baik dari sejak mereka disembuhkan, akan sangat sulit bagi mereka untuk tahan akan semua suara yang ada. Jika orang kehilangan pendengaran setelah mereka dewasa, Allah dapat langsung menyembuhkan mereka secara total karena tidak akan membutuhkan waktu yang lama bagi mereka untuk beradaptasi dengan suara-suara tersebut. Dalam kasus-kasus seperti ini, pada awalnya orang-orang mungkin bingung namun setelah satu atau dua hari, mereka akan menjadi tenang dan menjadi terbiasa dengan kemampuan mereka untuk mendengar.

Pada bulan April 2003, selama perjalanan saya ke Dubai di Uni Emirat Arab, saya bertemu seorang perempuan yang berusia 32 tahun yang telah kehilangan kemampuannya berkata-kata karena penyakit serebral meningitis ketika dia berusia dua tahun Segera setelah dia menerima doa saya, dengan sangat jelas perempuan itu berkata, "Terima kasih!" Saya pikir ucapannya tersebut hanya sebagai tanda terima kasih, tetapi orang tuanya memberitahu saya bahwa telah tiga dekade berlalu sejak terakhir kali anak perempuan mereka berkata, "Terima kasih."

Untuk Mengalami Kuasa Yang Memampukan Orang Bisu dapat Berbicara dan Orang Tuli dapat Mendengar

Dalam Markus 7:33-35 disebutkan demikian:

Dan sesudah Yesus memisahkan dia dari orang

banyak, sehingga mereka sendirian, I memasukkan jari-Nya ke telinga orang itu, lalu Ia meludah dan meraba lidah orang itu. Kemudian sambil menengadah ke langit Yesus menarik nafas dan berkata kepadanya: "Efata!", artinya: 'Terbukalah!' Maka terbukalah telinga orang itu seketika itu terlepas pulalah pengikat lidahnya, lalu ia berkata-kata dengan baik.

Disini, "Efata" berarti "Buka" dalam bahasa Ibrani. Ketika Yesus memerintahkan dalam suara penciptaan mula-mula, telinga orang tersebut dibuka dan pengikat lidahnya dilepaskan.

Mengapa, kemudian, Yesus meletakkan jari-Nya ke dalam telinga laki-laki tersebut ketika memerintahkan, "Efata"? Roma 10:17 memberitahu kita, *"Jadi, iman timbul dari pendengaran, dan pendengaran oleh firman Kristus."* Karena orang ini tidak dapat mendengar, tidak mudah baginya untuk memiliki iman. Lagi pula, laki-laki tersebut tidak datang ke hadapan Yesus untuk mendapatkan penyembuham. Melainkan, beberapa orang lain yang telah membawanya kepada Yesus. Dengan meletakkan jari-Nya ke dalam telinga orang itu, Yesus menolong dia untuk memiliki iman melalui jamahan jari-Nya.

Hanya ketika kita mengerti arti rohani yang melekat dalam adegan dimana Yesus memanifestasikan kuasa Allah, baru kita dapat mengalami kuasa-Nya. Langkah-langkah spesifik apa yang kita lakukan?

Pertama kita harus memiliki iman untuk menerima penyembuhan.

Meskipun jika iman itu kecil, orang yang memerlukan penyembuhan harus memiliki iman. Namun demikian, tidak seperti pada masa Yesus dan karena kemajuan masyarakat, terdapat begitu banyak medium, termasuk bahasa isyarat, dimana orang yang memiliki masalah dengan pendengaran dapat menerima injil. Dimulai beberapa tahun yang lalu, semua khotbah ibadah telah secara simultan diterjemahkan dalam bahasa isyarat di Manmin. Khotbah-khotbah sebelumnya juga telah mulai diperbarui dalam bahasa isyarat di website Manmin.

Lebih jauh, dengan cara yang lain, termasuk buku-buku, surat kabar, majalah, dan video dan kaset audio, Anda dapat memiliki iman selama Anda memiliki ketetapan hati. Sekali iman telah diperoleh, Anda dapat mengalami kuasa Allah. Saya telah menyebutkan sejumlah kesaksian dengan maksud untuk menolong Anda memiliki iman.

Kemudian, kita harus menerima pengampunan.

Mengapa Yesus meludah dan menjamah lidah orang tersebut setelah Dia meletakkan jari-Nya di dalam telinganya? Hal ini secara rohani melambangkan pembabtisan dengan air dan sangat penting bagi pengampunan dosa orang tersebut.

Pembabtisan dengan air berarti bahwa firman Allah yang seperti air bersih, kita dibersihkan dari segala dosa kita. Dalam rangka untuk mengalami kuasa Allah, pertama-tama seseorang harus membereskan masalah dosa. Daripada membersihkan ketidakkudusan orang tersebut dengan air, Yesus menggantinya dengan ludah-Nya, dan melambangkan pengampunan untuk orang tersebut. Yesaya 59:1-2 berkata pada kita, *"Sesungguhnya, tangan TUHAN tidak kurang panjang untuk menyelamatkan, dan pendengaran-Nya tidak kurang tajam untuk mendengar; Tetapi yang merupakan pemisah antara kamu dan Allahmu ialah segala kejahatanmu, dan yang membuat Dia menyembunyikan diri terhadap kamu, sehingga Ia tidak mendengar, ialah segala dosamu."*

Seperti yang Allah janjikan pada kita dalam 2 Tawarikh 7:14, *"dan umat-Ku, yang atasnya nama-Ku disebut, merendahkan diri, berdoa dan mencari wajah-Ku, lalu berbalik dari jalan-jalannya yang jahat, maka aku akan mendengar dari sorga dan mengampuni dosa mereka, serta memulihkan negeri mereka,"* untuk menerima jawaban dari Allah, Anda harus melihat menyelidiki diri Anda sendiri sejujurnya, merendahkan hati Anda, dan bertobat.

Dalam hal apa kita harus bertobat di hadapan Allah?

Pertama, Anda harus bertobat karena belum percaya kepada

Allah dan menerima Yesus Kristus. Dalam 1 Yohanes 16:9, Yesus memberitahu kita bahwa Roh Kudus akan menghukum dunia yang bersalah karena dosa, karena manusia tidak peercaya kepada-Nya. Anda harus menyadari bahwa tidak menerima Tuhan adalah sebuah dosa, dan karena itu percayalah kepada Tuhan dan Allah.

Kedua, jika Anda tidak mengasihi saudaramu, Anda harus bertobat. 1 Yohanes 4:11 memberitahu kita, *"Saudara-saudaraku yang kekasih, jikalau Allah demikian mengasihi kita, maka haruslah kita juga saling mengasihi."* Jika saudaramu membenci Anda, daripada balas membenci dia, Anda harus bersabar dan mengampuni. Anda juga harus mengasihi musuh Anda, carilah kebaikannya, dan berpikir dan bertingkahlah seperti Anda menempatkan diri dalam posisi dia. Ketika Anda telah mengasihi semua orang, Allah juga akan menunjukkan belas kasihan, kasih karunia, dan karya penyembuhan.

Ketiga, jika Anda berdoa untuk kepentingan diri sendiri, Anda harus bertobat. Allah tidak berkenan pada orang-orang yang berdoa dengan motivasi yang egois. Dia tidak akan menjawab Anda. Mulai dari sekarang, Anda harus berdoa menurut kehendak Allah.

Keempat, jika Anda berdoa tetapi meragukannya, Anda harus bertobat. Yakobus 1:6-7 berbunyi, *"Hendaklah ia memintanya dalam iman, dan sama sekali jangan bimbang, sebab orang yang bimbang sama dengan gelombang laut, yang diombang-ambingkan kian kemari oleh angin. Orang yang demikian janganlah mengira, bahwa ia akan menerima sesuatu dari Tuhan."* Oleh karena itu, ketika kita berdoa, kita harus berdoa dengan iman dan menyenangkan Dia. Lebih lagi, sebagaimanan Ibrani 11:6 mengingatkan kita, *"Tetapi tanpa iman tidak mungkin orang berkenan kepada Allah."*

Kelima, jika Anda tidak mematuhi perintah-perintah Allah, Anda harus bertobat. Sebagaimana Yesus dalam Yohanes 14:21 memberitahu kita, *"Barangsiapa memegang perintah-Ku dan melakukannya, dialah yang mengasihi Aku. Dan barangsiapa mengasihi Aku, ia akan dikasihi oleh Bapa-Ku dan Aku pun akan mengasihi dia dan akan menyatakan diri-Ku kepadanya,"* ketika Anda menunjukkan bukti kasih Anda kepada Allah dengan mematuhi perintah-perintah-Nya, Anda dapat menerima jawaban-jawaban dari Dia. Dari waktu ke waktu, orang-orang percaya terlibat dalam kecelakaan lalu lintas. Hal itu karena sebagian besar dari mereka tidak memegang Hari Kudus Tuhan atau mempersembahkan seluruh persembahan persepuluhan Karena mereka tidak tinggal dalam aturan dasar bagi orang Kristen, Sepuluh Perintah Allah, mereka tidak dapat ditempatkan di bawah perlindungan Allah. Di antara mereka yang sepenuhnya mematuhi perintah-perintah-Nya, beberapa dari mereka mengalami kecelakaan karena kesalahan mereka sendiri. Namun demikian, mereka dilindungi oleh Allah. Dalam kasus seperti ini, orang-orang yang berada di dalam tetap tidak celaka meskipun dalam kendaraan yang rusak total, karena Allah mengasihi mereka dan menunjukkan pada mereka bukti dari kasih-Nya.

Selain itu, orang yang belum mengenal Allah sering kali menerima penyembuhan yang cepat setelah mereka didoakan. Hal ini karena fakta bahwa mereka datang ke gereja itu sendiri adalah sebuah perbuatan iman, dan Allah bekerja di dalam mereka. Namun demikian, ketika orang memiliki iman dan mengetahui kebenaran tetapi tetap mematuhi perintah-perintah Allah dan tidak hidup sesuai Firman-Nya, hal ini menjadi sebuah dinding antara Allah dan orang tersebut, dan karenanya mereka tidak menerima penyembuhan. Alasan Allah bekerja luar biasa di antara orang-orang yang tidak percaya selama KkR Gabungan Akbar luar negeri adalah karena fakta bahwa mereka yang menyembah berhala mendengar kabar dan menghadiri acara kebaktian itu sendiri dianggap sebagai iman dalam pandangan Allah.

Keenam, jika Anda tidak menabur, Anda harus bertobat. Sebagaimana Galatia 6:7 memberitahu kita, *"Karena apa yang ditabur orang, itu juga yang akan dituainya,"* untuk mengalami kuasa Allah, pertama-tama Anda harus menghadiri ibadah puji-pujian dengan rajin. Ingatlah bahwa ketika Anda menabur dengan tubuh anda, Anda akan menuai berkat kesehatan, dan ketika Anda menabur dengan kekayaan Anda, Anda akan menerima berkat kekayaan. Karena itu, jika Anda ingin menuai tanpa menabur, Anda harus bertobat karenanya.

1 Yohanes 1:7 berkata, *"Tetapi jika kita hidup di dalam terang sama seperti Dia ada di dalam terang, maka kita beroleh pesekutuan seorang dengan yang lain, dan darah Yesus, Anak-Nya itu, menyucikan kita dari pada segala dosa."* Lagi pula, memegang teguh janji Allha dalam 1 Yohanes 1:9, *"Jika kita mengaku dosa kita, maka Ia adalah setia dan adil, sehingga Ia akan mengampuni segala dosa kita dan menyucikan kita dari segala kejahatan,"* pastikan untuk melihat kembali diri Anda, bertobat, dan berjalan di dalam terang.

Semoga Anda menerima belas kasihan Allah, menerima semua yang Anda minta, dan dengan kuasa-Nya menerima tidak hanya berkat kesehatan tetapi juga berkat dalam segala hal dan permasalahan dalam hidup, dalam nama Tuhan kita Yesus Kristus saya berdoa!

Pemeliharaan Allah yang Tidak Pernah Gagal

- Kasih Allah Ingin Menyelamatkan Semua Jiwa
- Kuasa Allah Disebarkan pada Akhir Zaman
- Tanda-Tanda Akhir Zaman yang Dicatat Dalam Alkitab
- Nubuatan Tentang Akhir Zaman dan Pemeliharaan Allah Atas Gereja Pusat Manmin

Ulangan 26:16-19

Pada hari ini TUHAN, Allahmu, memerintahkan engkau melakukan ketetapan dan peraturan ini; lakukanlah semuanya itu dengan setia, dengan segenap hatimu dan segenap jiwamu.

Engkau telah menerima janji dari pada TUHAn pada hari ini, bahwa Ia akan menjadi Allahmu, dan engkau pun akan hidup menurut jalan yang ditunjukkan-Nya dan berpegang pada ketetapan, perintah serta peraturan-Nya, dan mendengarkan suara-Nya.

Dan TUHAN telah menerima janji dari padamu pada hari ini, bahwa engkau akan menjadi umat kesayangan-Nya, seperti yang dijanjikan-Nya kepadamu, dan bahwa engkau akan berpegang pada segala perintah-Nya, dan Ia pun akan mengangkat engkau di atas segala bangsa yang telah dijadikan-Nya, untuk menjadi terpuji, ternama, dan terhormat.

Maka engkau akan menjadi umat yang kudus bagi TUHAN, Allahmu, seperti yang dijanjikan-Nya.

Jika bertanya untuk memilih mana yang paling penting dari kasih, banyak orang akan memilih kasih orangtua, terutama kasih ibu untuk bayinya. Dan, kita menemukan dalam Yesaya 49:15, *"Dapatkah seorang perempuan melupakan bayinya, sehingga ia tidak menyayangi anak dari kandungannya? Sekalipun dia melupakannya, Aku tidak akan melupakan engkau."* Kasih Allah yang besar tidak dapat dibandingkan dengan kasih seorang ibu untuk bayinya.

Allah pengasih menginginkan semua orang tidak hanya mendapatkan keselamatan, tetapi juga menikmati hidup yang kekal, berkat, dan kenikmatan dalam surga yang luar biasa. Itulah mengapa Dia membebaskan anak-anak-Nya dari pencobaan dan penderitaan dan ingin memberikan semua yang mereka minta. Allah juga membimbing masing-masing kita untuk hidup dalam kehidupan yang diberkati tidak hanya di bumi, tetapi dalam kehidupan kekal yang akan datang.

Kini, melalui kuasa dan nubuatan yang telah diizinkan oleh Allah bagi kita dalam kasih-Nya, kita akan mempelajari pemeliharaan Allah bagi Gereja Pusat Manmin.

Kasih Allah Ingin Menyelamatkan Semua Jiwa

Kita temukan hal berikut dalam 2 Petrus 3:3-4:

Yang terutama harus kamu ketahui ialah, bahwa pada hari-hari zaman akhir akan tampil pengejek-pengejek dengan ejekan-ejekannya, yaitu orang-orang yang hidup menuruti hawa nafsunya. Kata mereka: "Dimanakah janji tentang kedatangan-Nya itu? Sebab sejak bapa-bapa leluhur kita meninggal, segala sesuatu tetap seperti semula, pada waktu dunia diciptakan."

Ada beberapa orang yang tidak akan percaya kepada kita ketika kita memberitahu mereka tentang akhir zaman. Sebagaimana matahari selalu terbit dan tenggelam, sebagaimana orang-orang selalu dilahirkan dan mati, dan sebagaimana peradaban selalu berkembang, beberapa orang secara alamiah mengira bahwa segalanya akan berlangsung begitu terus.

Karena ada permulaan dan juga akhir dalam kehidupan manusia, sehingga jika ada suatu permulaan dalam sejarah umat manusia, pasti akan ada akhirnya. Ketika waktu yang dipilih Allah tiba, segalanya di alam semesta akan menghadapi kesudahannya.Semua orang yang telah hidup sejak Adam akan menerima penghakiman. Menurut bagaimana seseorang telah hidup di bumi, dia akan memasuk surga atau neraka.

Di satu sisi, orang-orang yang percaya kepada Yesus Kristus dan hidup sesuai dengan firman Allah akan masuk surga. Di sisi lain, orang-orang yang tidak percaya kepada Allah bahkan setelah diinjili, dan orang–orang yang tidak hidup sesuai fiman Allah melainkan hidup dalam dosa dan kejahatan, meskipun mereka mengaku iman mereka dalam Tuhan, mereka akan masuk neraka. Itulah mengapa Allah sangat ingin untuk menyebarkan injil ke seluruh dunia secepat mungkin, sehingga akan lebih banyak lagi jiwa-jiwa yang menerima keselamatan.

Kuasa Allah Disebarkan pada Akhir Zaman

Alasan utama Allah mendirikan Gereja Pusat Manmin dan memanifestasikan kuasa yang luar biasa terletak di sini. Melalui manifestasi kuasa-Nya, Allah ingin menyediakan bukti keberadaan seorang Allah sejati, dan mengingatkan orang akan adanya surga dan neraka. Sebagaimana Yesus memberitahu kita dalam Yohanes 4:48, *"Jika kamu tidak melihat tanda dan mujizat, kamu tidak percaya"* terutama dalam masa di mana dosa dan kejahatan dan kemajuan pengetahuan, pekerjaan kuasa yang dapat menghancurkan pemikiran manusia adalah yang paling penting. Itulah mengapa, pada akhir zaman, Allah mendisiplin Manmin dan memberkatinya dengan kuasa yang semakin bertambah.

Lebih lagi, perkembangan umat manusia yang telah Allah rancang juga mendekati kesudahannya. Sampai waktu yang dipilih Allah tiba, kuasa adalah sebuah alat yang penting yang dapat menyelamatkan semua orang yang memiliki kesempatan untuk menerima keselamatan. Hanya dengan kuasa lebih banyak orang dapat dibimbing kepada keselamatan dengan tingkat yang lebih cepat.

Dengan adanya penganiayaan dan penderitaan, sangatlah sulit untuk menyebarkan injil di beberapa negara di seluruh dunia, dan bahkan ada lebih banyak orang yang belum pernah mendengar injil. Lebih lagi, bahkan di antara mereka yang mengaku iman mereka kepada Tuhan, jumlah orang yang memiliki iman sejati tidaklah sebanyak yang dipikirkan orang. Dalam Lukas 18:8 Yesus bertanya pada kita, *"Akan tetapi, jika Anak Manusia itu datang, adakah Ia mendapati iman di bumi?"* Banyak orang yang datang ke gereja, tetapi tidak jauh berbeda dengan orang dunia, mereka terus hidup dalam dosa.

Dan, meskipun di negara-negara dan wilayah-wilayah di seluruh dunia di mana terdapat penganiayaan yang sangat berat terhadap umat Kristen, sekali orang-orang mengalami karya kuasa Allah, iman yang tidak takut terhadap kematian akan berkembang dan penyebaran tentang injil akan semakin berapi-api. Orang-orang yang hidup dalam dosa tanpa iman yang sejati sekarang diberi kesempatan untuk hidup sesuai firman Allah ketika mereka pertama kali mengalami karya kuasa dari Allah yang hidup.

Pada beberapa perjalanan misi ke luar negeri, saya telah pergi ke negara-negara dimana terdapat undang-undang yang melarang kegiatan penginjilan dan pekabaran injil dan menganiaya gereja. Saya telah bersaksi di negara-negara seperti: Pakistan dan Uni Emirat Arab, dimana Islam tumbuh dengan baik di kedua negara tersebut, dan sebuah negara yang sangat kuat dengan agama Hindu yaitu India, pada saat Yesus Kristus disaksikan dan bukti-bukti yang akan membuat orang percaya kepada Allah yang hidup dimanifestasikan, tak terhitung jiwa-jiwa yang telah diubahkan dan mendapatkan keselamatan. Meskipun mereka telah menyembah berhala-berhala, sekali mereka mengalami karya kuasa Allah, orang-orang akan datang untuk menerima Yesus Kristus tanpa takut percabangan iman. Hal ini dimaksudkan untuk menunjukkan kebesaran kuasa Allah.

Seperti seorang petani menuai hasil pada saat panen, Allah menunjukkan kuasa-Nya yang menakjubkan sehingga Ia dapat menuai semua jiwa-jiwa yang menerima keselamatan di hari-hari terakhir.

Tanda-Tanda Akhir Zaman yang Dicatat Dalam Alkitab

Bahkan melalui perkataan Allah yang dicatat dalam Alkitab,

kita dapat katakan bahwa waktu di mana kita hidup semakin dekat pada akhir zaman. Meskipun Allah tidak mengatakan kepada kita tentang kapan tepatnya tanggal dan waktu akhir zaman, Dia telah memberikan kepada kita petunjuk bagaimana kita dapat mengetahui akhir zaman. Seperti halnya kita dapat memprediksi bahwa sebentar lagi akan turun hujan saat awan-awan mulai berkumpul, melalui cara di mana sejarah akan terbuka dengan sendirinya, tanda-tanda dalam Alkitab mengijinkan kita untuk memprediksi akan hari-hari terakhir.

Sebagai contoh, dalam Lukas 21 kita menemukan, *"Dan apabila kamu mendengar tentang peperangan dan pemberontakan, janganlah kamu terkejut. Sebab semuanya itu harus terjadi dahulu, tetapi itu tidak berarti kesudahannya akan datang segera"* (ayat 9), dan *"dan akan terjadi gempa bumi yang dahsyat dan di berbagai tempat akan ada penyakit sampar dan kelaparan, dan akan terjadi juga hal-hal yang mengejutkan dan tanda-tanda yang dahsyat dari langit"* (ayat 11).

Dalam 2 Timotius 3:1-5, kita membaca hal sebagai berikut:

Ketahuilah bahwa pada hari-hari terakhir akan datang masa yang sukar. Manusia akan mencintai dirinya sendiri dan menjadi hamba uang. Mereka akan membual dan menyombongkan diri, mereka akan menjadi pemfitnah, mereka akan berontak terhadap orang tua dan tidak tahu berterimakasih, tidak mempedulikan agama, tidak tahu mengasihi, tidak mau berdamai, suka menjelekkan orang, tidak dapat mengekang diri, garang, tidak suka yang baik, suka mengkhianat, tidak berpikir panjang, berlagak tahu, lebih menuruti hawa nafsu dari pada menuruti Allah. Secara lahiriah mereka menjalankan ibadah mereka, tetapi pada hakekatnya mereka memungkiri kekuatannya. Jauhilah mereka itu!

Ada banyak bencana dan tanda-tanda di seluruh dunia, dan hati dan pikiran dari orang-orang menjadi lebih jahat hari ini. Setiap minggu, saya menerima potongan berita surat kabar dari berita-berita terbaru tentang peristiwa dan kecelakaan, dan jumlah dari setiap potongan berita itu telah bertambah dengan cepat. Ini berarti bahwa sangat banyak bencana, malapetaka, dan tindak kejahatan yang terjadi di dunia.

Meski begitu, orang-orang tidak sepeka sebelumnya mengenai peristiwa dan kecelakaan-kecelakaan ini. Karena mereka menghadapi terlalu banyak cerita tentang peristiwa-peristiwa dan kecelakaan-kecelakaan seperti itu dalam kehidupan sehari-hari, orang-orang menjadi kebal akan hal seperti itu. Kebanyakan dari mereka tidak lagi menanggapi dengan serius perihal kejahatan-kejahatan yang dilakukan secara brutal, peperangan besar, bencana alam, dan korban dari kekejaman dan bencana. Peristiwa-peristiwa ini sering mengisi halaman utama dari media masa. Namun demikian, kecuali kalau hal itu benar-benar dirasakan atau terjadi pada orang yang mereka kenal, bagi kebanyakan orang kejadian seperti itu tidak penting dan akan segera terlupakan.

Melalui cara di mana sejarah terbuka dengan sendirinya, orang-orang yang sadar dan memiliki hubungan yang baik dengan Allah bersaksi dengan satu suara bahwa Kedatangan Tuhan sudah dekat.

Nubuatan Tentang Akhir Zaman dan Pemeliharaan Allah Atas Gereja Pusat Manmin

Melalui nubuatan Allah yang diungkapkan kepada Manmin, kami dapat memberi tahu bahwa sekarang adalah benar-benar akhir zaman. Sejak Manmin didirikan sampai hari ini, Allah telah memberitahukan terlebih dulu hasil dari pemilihan presiden dan anggota parlemen, kematian dari tokoh-tokoh penting dan terkenal baik di Korea dan di luar negeri, dan banyak lagi peristiwa yang membentuk sejarah dunia.

Pada banyak kesempatan saya telah menyingkap informasi seperti itu dalam catatan pada buletin mingguan gereja. Jika isinya terlalu sensitif, saya menyingkapkan hal tersebut hanya pada individu tertentu. Pada tahun-tahun terakhir, saya telah memproklamirkan dari mimbar dari waktu ke waktu pewahyuan terkait Korea Utara, Amerika serikat, dan peristiwa-peristiwa yang akan terjadi di seluruh dunia.

Kebanyakan dari nubuatan-nubuatan tersebut telah terpenuhi sesuai dengan apa yang telah dinubuatkan, dan nubuatan yang sedang dipenuhi tentang peristiwa yang terjadi saat ini atau nubuatan yang masih akan datang. Sebuah fakta yang perlu dicatat adalah bahwa sebagian besar nubuatan terkait peristiwa yang masih akan datang mengenai hari-hari terakhir. Di antara nubuatan tersebut terdapat pemeliharaan Allah untuk Gereja Pusat Manmin, kita akan mempelajari sebagian dari nubuatan tersebut.

Nubutan pertama mengenai hubungan antara Korea Selatan dan Korea Utara.

Sejak didirikan, Allah telah menyatakan sebuah hal besar mengenai Korea Utara kepada Manmin. Ini dikarenakan kami memiliki panggilan untuk penginjilan di Korea Utara pada hari-hari terakhir. Tahun 1983, Allah telah memberitahu kami tentang adanya sebuah konferensi antara para pemimpin Korea Utara dan Korea Selatan dan akibat yang akan terjadi setelahnya. Segera setelah konferensi, Korea Utara membuka diri kepada dunia untuk sementara waktu tetapi akan menutup diri kembali selama beberapa waktu. Allah telah berkata pada kami bahwa ketika Korea Utara terbuka, ajaran tentang kekudusan dan kuasa Allah akan memasuki negeri tersebut dan penginjilan akan terjadi. Allah memberitahu kami untuk ingat bahwa Kedatangan Tuhan akan semakin dekat, ketika kedua negara Korea Utara dan Selatan menyatakan perdamaian di antara keduanya. Karena Allah telah memberitahu saya untuk menyimpan rahasia tentang bagaimana kedua negara Korea akan "berdamai", saya belum dapat memberitahukannya sekarang.

Seperti yang sebagian besar dari Anda ketahui, sebuah konferensi antara para pemimpin dari kedua negara Korea terjadi pada tahun 2000. Anda mungkin dapat merasakan bahwa Korea Utara, dengan mengalah pada tekanan dunia internasional, akan membuka pintunya segera.

Nubuatan kedua mengenai panggilan untuk misi dunia.

Allah telah mempersiapkan untuk Manmin sejumlah penginjilan ke luar negeri dimana puluhan ribu, ratusan ribu, dan jutaan jiwa berkumpul, dan memberkati kami untuk mempercepat penginjilan ke seluruh dunia dengan kuasa-Nya yang menakjubkan. Termasuk diantaranya Penginjilan Ajaran Kekudusan di Uganda, berita tentang hal tersebut disiarkan secara internasional di Jaringan Televisi Kabel (CNN); KKR

Penyembuhan di Pakistan, yang dapat menggetarkan dunia Islam dan membuka pintu untuk pekerjaan penginjilan di Timur Tengah; KKR Injil Kudus di Kenya di mana banyak penyakit, termasuk AIDS, telah dapat disembuhkan; KKR Penyembuhan di Filipina di mana Allah menunjukkan kekuatan-Nya dengan dasyat; KKR Penyembuhan Mujizat di Honduras, yang mana membawa angin Roh kudus terus menerus; dan Festival KKR Doa Penyembuhan Mukjizat di India, negara dengan umat Hindu terbesar di dunia, di mana lebih dari tiga juta orang berkumpul selama empat hari acara berlangsung. Semua kegiatan penginjilan ini telah menjadi sebuah batu loncatan yang darinya Manmin dapat memasuki Israel, yang menjadi tujuan akhirnya.

Dalam pemeliharaan besar-Nya untuk perkembangan umat manusia, Allah menciptakan Adam dan Hawa, dan setelah memulai hidup di bumi, umat manusia berlipat ganda. Di antara banyak orang, Allah memilih satu bangsa, Israel, keturunan Yakub. Melalui sejarah bangsa Israel, Allah ingin menyatakan kemuliaan dan pemeliharaan-Nya untuk perkembangan umat manusia tidak hanya untuk Israel tetapi juga untuk semua orang di dunia. Bangsa Israel kemudian dijadikan sebagai contoh pengembangan umat manusia, dan sejarah dari Israel, di mana Allah sendiri yang memerintah, ini tidak hanya untuk sejarah sebuah negara tetapi merupakan pesan-Nya untuk semua orang. Lebih lagi, sebelum menyelesaikan pemeliharaan terhadap umat manusia yang dimulai dengan Adam, Allah telah berkeinginan agar injil kembali kepada Israel, dari mana injil itu berasal. Bagaimanapun, adalah sulit untuk melaksanakan sebuah kebaktian Kristen dan menyebarkan injil di Israel. Manifestasi Kekuatan Allah yang dapat menggetarkan surga dan bumi dibutuhkan di Israel, dan memenuhi bagian dari pemeliharaan Allah inilah tujuan panggilan Manmin di hari-hari terakhir.

Melalui Yesus Kristus, Allah telah menyelesaikan pemeliharaan keselamatan umat manusia, dan menyediakan bagi siapa saja yang menerima Yesus sebagai Juru Selamat untuk menerima hidup yang kekal. Israel adalah umat pilihan Allah, tetapi, tidak mengakui bahwa Yesus adalah Mesias. Bahkan, sampai waktu Anak-Nya terangkat ke surga, bangsa Israel tidak dapat mengerti bahwa pemeliharaan keselamatan adalah melalui Yesus Kristus.

Di hari-hari terakhir, Allah ingin bangsa Israel untuk bertobat dan menerima Yesus sebagai Juru Selamat mereka sehingga mereka dapat memperoleh keselamatan. Itu sebabnya mengapa Allah mengizinkan injil kebenaran untuk masuk dan menyebar di seluruh Israel melalui panggilan mulia yang telah Dia berikan kepada Manmin. Sekarang pada saat sebuah batu loncatan penting untuk pekerjaan misi Timur Tengah telah ditetapkan pada bulan April 2003, sesuai dengan keinginan Allah, Manmin akan membuat persiapan-persiapan yang spesifik untuk Israel dan menyempurnakan pemeliharaan Allah.

Nubuatan ketiga mengenai pembangunan Bait Agung.

Segera setelah pendirian Manmin. Sebagaimana Dia menyatakan pemeliharaan-Nya untuk hari-hari terakhir, Allah memberikan kami panggilan untuk membangun Bait Agung yang akan menyatakan kemuliaan Allah kepada semua orang di dunia.

Dalam masa Perjanjian Lama, sangat memungkinkan untuk menerima keselamatan dengan perbuatan. Meskipun jika dosa dalam hati seseorang tidak dapat dibuang, selama dosa tidak dilakukan di bagian luar, siapa pun dapat diselamatkan. Bait Allah dari masa Perjanjian Lama adalah sebuah tempat dimana orang-orang menyembah Allah hanya dengan perbuatan, seperti yang tertulis dalam hukum.

Selama masa Perjanjian Baru, bagaimanapun, Yesus datang dan menyempurnakan hukum dalam kasih, dan oleh iman dalam Yesus Kristus kita memperoleh keselamatan. Bait yang Allah inginkan pada masa Perjanjian Baru harus dibangun tidak hanya dengan perbuatan melainkan dengan hati. Bait ini akan dibangun oleh anak-anak Allah yang telah membuang dosanya, dan menyucikan hatinya dan mengasihi Dia. Itulah mengapa Allah mengijinkan Bait Allah dari masa Perjanjian Lama harus dihancurkan dan menginginkan dibangunnya sebuah Bait Allah baru yang benar-benar rohani.

Oleh karena itu, orang-orang yang membangun Bait Agung harus dianggap layak dalam pandangan Allah. Mereka haruslah anak-anak Allah yang telah menyunat hati mereka, membersihkan dan menguduskan hati, dan penuh dengan iman, pengharapan, dan kasih. Ketika Allah melihat Bait Agung dibangun oleh anak-anak-Nya yang kudus, Dia akan disenangkan tidak hanya oleh penampilan bangunan tersebut. Malahan, dengan Bait Agung, Dia akan mengingat kembali proses ketika Bait telah dibangun, dan mengingat setiap anak-anak-Nya yang adalah buah dari air mata-Nya, pengorbanan-Nya, dan kesabaran-Nya.

Bait Agung mengandung arti yang amat sangat besar. Tempat itu akan digunakan sebagai monumen untuk pengembangan umat manusia juga sebagai simbol kesenangan Allah setelah menuai hasil panen yang baik. Bait ini dibangun pada hari-hari terakhir karena merupakan sebuah proyek bangunan monumental yang akan menyatakan kemuliaan Allah bagi semua orang di dunia. Dengan diameter 600 meter (sekitar 1970 kaki) dan tinggi 70 meter (230 kaki), Bait Agung adalah sebuah bangunan raksasa yang akan dibuat dari semua tipe bahan yang indah, langka, dan berharga, dan dalam setiap bagian struktur dan dekorasi, kemuliaan Yerusalem Baru, enam hari penciptaan,

Menyempurnakan dan Menang

dan kuasa Allah akan dilekatkan. Melihat kepada Bait Agung itu sendiri akan cukup membuat orang untuk merasakan keagungan dan kemuliaan Allah. Bahkan orang-orang yang tidak percaya akan dibuat kagum pada pemandangannya dan mengakui kemuliaan-Nya.

Akhirnya, membangun Bait Agung adalah mempersiapkan sebuah bahtera dimana banyak jiwa yang tidak terhitung jumlahnya akan menerima keselamatan. Pada hari-hari terakhir ketika dosa dan kejahatan berkembang dengan pesat, sama seperti halnya pada masa Nuh, ketika orang yang yang telah dibimbing oleh anak-anak Allah, Dia anggap layak untuk datang ke Bait Agung dan kemudian menjadi percaya kepada-Nya, mereka dapat menerima keselamatan. Akan semakin banyak orang yang akan mendengar kabar tentang kemuliaan dan kuasa Allah, dan mereka akan datang dan melihat sendiri. Ketika mereka datang, akan disediakan banyak bukti tentang Allah yang tidak terhitung jumlahnya. Mereka juga akan diajar tentang rahasia alam rohani dan diberi penerangan tentang kehendak Allah yang ingin menuai anak-anak yang sejati yang menyerupai gambar dan rupa-Nya.

Bait Agung akan dipakai sebagai inti dari fasa akhir penginjilan seluruh dunia untuk Kedatangan Kembali Tuhan kita. Selain itu, Allah telah memberitahu Manmin bahwa ketika waktunya tiba untuk memulai pembangunan Bait Agung, Dia akan memimpin raja-raja dan individu-individu yang kaya dan berkuasa untuk membantu pembangunan.

Dari sejak pendiriannya, Allah telah menyatakan banyak nubuatan tentang hari-hari terakhir dan pemeliharaan-Nya untuk Gereja Pusat Manmin. Bahkan sampai hari ini, Dia telah terus memanifestasikan kuasa yang selalu bertambah dan memenuhi Firman-Nya. Selama sejarah gereja, Allah telah memimpin Manmin untuk mendapatkan pemeliharaan-Nya. Selain itu, sampai waktu Tuhan kembali tiba, Dia akan membimbing kita untuk menyelesaikan semua tugas yang telah Dia berikan kepada kita dan menyatakan kemuliaan Allah ke seluruh dunia.

Dalam Yohanes 14:11, Yesus memberitahu kita untuk *"Percayalah kepada-Ku, bahwa Aku di dalam Bapa dan Bapa di dalam Aku; atau setidak-tidaknya, percayalah karena pekerjaan-pekerjaan itu sendiri."* Dalam Ulangan 18:22, kita menemukan, *"Apabila seorang nabi berkata demi nama TUHAN dan perkatannya itu tidak terjadi dan tidak sampai, maka itulah perkataan yang tidak difirmankan TUHAN; Dengan terlalu berani nabi itu telah mengatakannya, maka janganlah gentar kepadanya."* Saya berharap Anda akan mengerti pemeliharan Allah melalui kuasa dan nubuatan yang dimanifestasikan dan dinyatakan di Gereja Pusat Manmin.

Dalam menyempurnakan pemeliharaan-Nya melalui Gereja Pusat Manmin pada hari-hari terakhir, Allah tidak memberikan kuasa dan kebangunan rohani gereja ini hanya dalam waktu satu malam. Dia telah melatih kami selama lebih dari dua puluh tahun. Seperti mendaki sebuah gunung yang tinggi dan terjal dan berlayar melalui ombak yang tinggi di laut yang ganas, Dia telah berulang kali memimpin kami melewati pencobaan-pencobaan dan, orang-orang yang telah berhasil melewati pencobaan-pencobaan tersebut dengan iman mereka yang teguh, mempersiapkan sebuah bejana yang dapat menyempurnakan misi dunia.

Hal ini juga berlaku bagi Anda. Iman yang dengannya seseorang dapat memasuki Yerusalem Baru tidak berkembang atau tumbuh dalam waktu satu malam; Anda harus selalu siap dan berjaga-jaga untuk hari kedatangan Tuhan kita. Di atas semuanya itu, hancurkan semua dinding dosa, dengan iman yang tidak berubah dan rajin, berlarilah menuju surga. Ketika Anda bergerak maju dengan ketetapan hati yang tidak dapat diubahkan ini, Allah akan tanpa ragu memberkati jiwa Anda untuk selalu baik dan menjawab kerinduan hati Anda. Selain itu, Allah akan memberi Anda kemampuan spiritual dan kuasa yang mana dengannya dapat Anda gunakan sebagai bejana-nya yang berharga untuk pemeliharaan-Nya di hari-hari terakhir.

Semoga setiap Anda berpegang teguh pada iman Anda yang tekun dan setia sampai Tuhan kembali dan kita bertemu di dalam surga yang tidak terbatas dan di dalam Kota Yerusalem Baru, dalam nama Tuhan kita Yesus Kristus saya berdoa!

Penulis
Dr. Jaerock Lee

Dr. Jaerock Lee lahir di Muan, Provinsi Jenona, Republik Korea, pada tahun 1943. Pada saat ia berumur dua puluhan, Dr. Lee menderita berbagai penyakit yang tak tersembuhkan selama 7 tahun dan menunggu kematian dengan tanpa harapan sembuh. Namun, pada suatu hari di musim semi tahun 1974, ia dibawa ke gereja oleh kakak perempuannya dan saat ia berlutut untuk berdoa, Allah yang hidup seketika menyembuhkannya dari segala penyakitnya.

Dari saat Dr. Lee bertemu Allah yang hidup melalui pengalaman indah tersebut, ia telah mengasihi Allah dengan segenap hati dan ketulusannya, dan pada tahun 1978 ia dipanggil untuk menjadi hamba Allah. Ia berdoa dengan tekun dan tak terhitung banyaknya melakukan doa puasa sehingga ia dapat memahami dengan jelas kehendak Allah, melakukannya sepenuhnya, dan menaati Firman Allah. Pada tahun 1982, ia mendirikan Gerja Pusat Manmin di Seoul, Korea, dan tak terhitung banyaknya pekerjaan Allah, termasuk penyembuhan yang ajaib, tanda-tanda dan mukjizat, telah berlangsung di gerejanya.

Pada tahun 1986, Dr. Lee ditahbiskan sebagai pendeta di Sidang Tahunan Jesus's Sungkyul Church of Korea, dan empat tahun kemudian pada 1990, khotbah-khotbahnya mulai disiarkan di Australia, Rusia, Filipina, dan banyak lagi melalui Far East Broadcasting Company, Asia Broadcast Station, dan Washington Christian Radio Station System.

Tiga tahun kemudian di 1993, Gereja Manmin Pusat terpilih sebagai salah satu dari "50 Gereja Terkemuka Dunia" oleh majalah *Christian World* (AS) dan ia menerima gelar Doktor Kehormatan bidang Keagamaan dari Christian Faith College, Florida, AS, dan pada 1996 gelar Ph.D dalam Pelayanan dari Kingsway Theological Seminary, Iowa, AS.

Sejak 1993, Dr. Lee telah menyasar penginjilan dunia melalui kebaktian-kebaktian penginjilan di Tanzania, Argentina, L.A., Kota Baltimore, Hawaii, dan Kota New York AS, Uganda, Jepang, Pakistan, Kenya, Filipina, Honduras, India, Rusia, Jerman, Peru, Republik Demokrasi

Kongo, Israel dan Estonia.

Pada tahun 2002 ia disebut sebagai "tokoh kebangkitan dunia" oleh koran-koran Kristen utama di Korea atas pelayanannya yang penuh kuasa di berbagai kebaktian penginjilan luar negeri. Khususnya 'New York Crusade 2006' yang diadakan di Madison Square Garden, arena paling terkenal di dunia ditayangkan ke 220 negara, dan di 'Israel United Crusade 2009' yang diadakan di International Convention Center di Yerusalem ia dengan berani menyatakan bahwa Yesus Kristus adalah Mesias dan Juru Selamat. Khotbah-khotbahnya disiarkan ke 176 negara via satelit termasuk GCN TV dan ia terdaftar sebagai satu dari 10 Pemimpin Kristen Paling Berpengaruh tahun 2009 dan 2010 oleh majalah Kristen Rusia terkenal *In Victory* dan agensi baru *Christian Telegraph* untuk pelayanan siaran TV-nya yang penuh kuasa dan pelayanan kependetaan-gereja luar negerinya.

Pada bulan Juni 2013, Gereja Pusat Manmin adalah sebuah jemaat dengan lebih dari 120.000 anggota jemaat dan 10.000 gereja cabang domestik dan luar negeri di seluruh penjuru dunia, dan menugaskan lebih dari 129 misionari ke 23 negara, termasuk Amerika Serikat, Rusia, Jerman, Canada, Jepang, Cina, Perancis, India, Kenya, dan banyak lagi.

Sampai hari ini, Dr. Lee telah menulis 85 buku, termasuk yang menjadi bestseller yaitu *Merasakan Hidup Kekal sebelum Mati, Hidupku Imanku, Pesan Salib, Ukuran Iman, Surga I & II, Neraka, Kuasa Allah*, dan tulisannya telah diterjemahkan ke lebih dari 76 bahasa.

Dr. Lee saat ini memimpin banyak organisasi dan asosiasi misionari termasuk, Ketua dari The United Holiness Church of Jesus Christ dari The Nation Evangelization Newspaper, Presiden dari Manmin World Mission, Pendiri dan Ketua Dewan dari Global Christian Network (GCN), Pendiri dan Ketua Dewan dari The World Christian Doctors Network (WCDN), serta Pendiri dan Ketua Dewan dari Manmin International Seminary (MIS).

Surga I & II

Sketsa mendetil tentang indahnya lingkungan hidup yang dinikmati oleh warga sorga pada tingkat kelima kerajaan sorga.

Pesan Salib

Pesan hebat yang membangkitkan untuk semua orang yang secara rohani tertidur; dalam buku ini anda akan menemukan alasan kenapa hanya Yesus yang menjadi Juru Selamat dan cinta sejati Allah.

Neraka

Sebuah pesan yang sungguh-sungguh kepada seluruh umat manusia dari Allah yang tidak ingin satu jiwa pun jatuh ke kedalaman neraka! Anda akan menemukan penjelasan yang belum pernah terungkap sebelumnya mengenai kenyataan kejam tentang Hades dan neraka.

Merasakan Hidup Kekal sebelum Mati

Riwayat kesaksian Pendeta Dr. Jaerock Lee, yang dilahirkan kembali dan diselamatkan dari lembah kematian dan telah menjalani kehidupan Kristen yang teladan.

Ukuran Iman

Tempat tinggal seperti apakah, serta mahkota dan upah yang bagaimana yang disediakan bagi Anda di surga? Buku ini memberikan dengan hikmat dan bimbingan bagi Anda untuk mengukur iman Anda dan menanam iman yang terbaik dan paling dewasa.